Publications de l'Union Coloniale Française
9, RUE MOGADOR, 9

N° 6
JUILLET 1894

LE RÉGIME COMMERCIAL DE L'INDO-CHINE FRANÇAISE

(ANNAM ET TONKIN)

ÉVOLUTION DU RÉGIME DOUANIER

PARIS
AUGUSTIN CHALLAMEL, ÉDITEUR
Librairie Coloniale
5, RUE JACOB ET RUE FURSTENBERG, 2

L'Union coloniale française, fondée il y a moins d'un an, est née de l'initiative d'un certain nombre d'armateurs, d'exportateurs, d'industriels, des sociétés minières et commerciales, d'établissements de crédit, de compagnies de navigation, etc.

Son but peut se formuler dans les propositions suivantes qui résument l'article 2 des statuts :

1° Organiser le groupement des intérêts et concentrer leurs efforts dans un but de défense et de protection.

2° Provoquer des réunions ayant pour objet la discussion et l'examen des questions coloniales; fournir des arbitres et des experts amiables dans les litiges commerciaux.

3° Intervenir dans les instances devant toutes juridictions pour la défense des principes d'intérêt général et prendre, au besoin, à sa charge tout ou partie des frais nécessités par cette intervention;

4° Communiquer aux sociétaires tous les renseignements utiles, lois, règlements, tarifs douaniers, tarifs et cahiers des charges, etc.

5° Examiner et même proposer toutes mesures économiques ou législatives reconnues nécessaires, et les soutenir auprès des pouvoirs compétents, par tous moyens.

L'Union coloniale française comprend trois catégories distinctes d'adhérents, dont l'énumération suit :

Sociétaires.

Art. 11. — Les membres sociétaires ont seuls, suivant les règles établies par ailleurs, le contrôle des opérations du Comité. Ils prennent, en Assemblée générale ou spéciale, toutes les décisions qui importent à l'Union.

Ils jouissent de tous les avantages prévus par l'article 2 des statuts et, en outre, de tous ceux concédés aux membres des autres catégories. (Souscription annuelle : **1.000** francs.)

Correspondants (habitant les colonies.)

Art. 12. — Les membres correspondants :

1° Reçoivent toutes les publications de l'Union;

2° Peuvent s'adresser à elle pour obtenir tous renseignements généraux ou spéciaux, techniques ou non techniques, d'intérêt commun ou d'intérêt privé, et même demander l'étude de telle question déterminée;

3° Peuvent, en cas de procès, élire domicile au siège de l'Union;

4° Peuvent, durant leur séjour en France, y faire adresser leurs lettres, y faire leur correspondance, y donner leur rendez-vous, profiter de la bibliothèque, des journaux, etc. (Souscription annuelle : **300** francs.)

Adhérents.

Art. 13. — Les membres adhérents jouissent des avantages stipulés par les membres correspondants par l'article 12, alinéas 1 et 2. (Souscription annuelle : **50** francs.)

LE

RÉGIME COMMERCIAL

DE L'INDO-CHINE FRANÇAISE

(Annam et Tonkin)

Évolution du régime douanier

Publications de l'Union Coloniale Française
9, RUE MOGADOR, 9

N° 6
JUILLET 1894

LE RÉGIME COMMERCIAL DE L'INDO-CHINE FRANÇAISE

(ANNAM ET TONKIN)

ÉVOLUTION DU RÉGIME DOUANIER

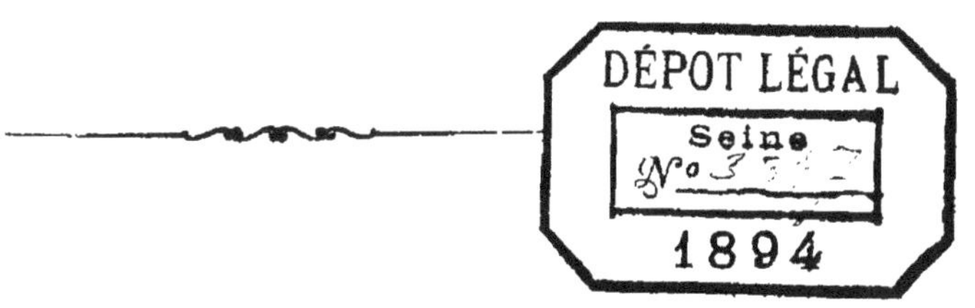

PARIS
AUGUSTIN CHALLAMEL, ÉDITEUR
Librairie Coloniale
5, RUE JACOB ET RUE FURSTENBERG, 2

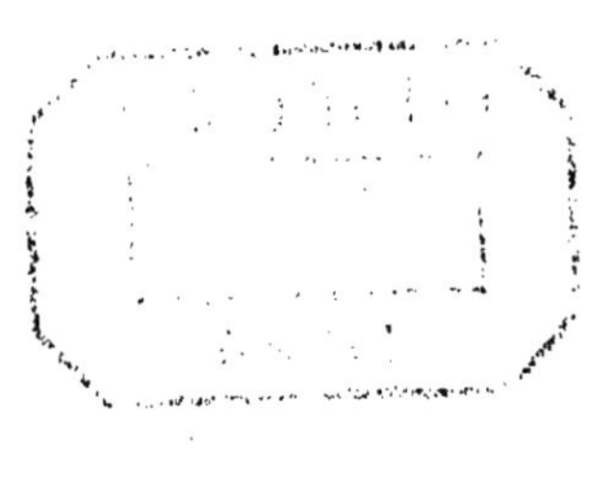

AVANT-PROPOS

L'Annam et le Tonkin font partie, avec la Cochinchine et le Cambodge, de l'Indo-Chine française. Ils sont habités par des Annamites, comme la Cochinchine, soumis au régime des Protectorats, comme le Cambodge. Ils ont, aussi, comme ces deux pays, subi l'application du Tarif général et du Tarif minimum métropolitains, après avoir connu un régime spécial qui leur convenait beaucoup mieux. Il semble donc, au premier abord, arbitraire d'isoler ces deux pays de l'Union Indo-Chinoise et d'étudier à part l'évolution de leur régime douanier.

Cependant, en y regardant de plus près, on ne tarde pas à reconnaître que par leur situation géographique, par leur histoire, enfin par leurs besoins et par leur utilité économiques, ils forment nettement un groupe distinct de la Cochinchine et du Cambodge.

Telles sont les raisons qui ont motivé cette étude séparée.

Quant au sous-titre, il résume le simple examen des faits. Le régime douanier de notre Protectorat a en effet *évolué*, pour aller de la liberté presque complète à l'extrême réglementation.

Avant le traité de Hué (1884), et jusqu'en 1886, le système ancien des tarifs *ad valorem* est resté en vigueur, avec quelques modifications destinées à satisfaire des besoins immédiats de l'administration française. Celle-ci vivait au jour le jour et n'avait pas de politique douanière.

C'est la première période.

A partir de 1886, seconde phase. Le régime des douanes visa à procurer des ressources au gouvernement du Protectorat, sans trop réglementer le commerce, et notamment le commerce entre le Protectorat et les pays étrangers.

A partir de 1887, nouvelle situation et aussi nouvelle conception. La Chine fut ouverte au trafic tonkinois (1887), et la France vota l'application à toutes ses colonies du Tarif général métropolitain. (*Décret du* 8 septembre 1887 et *Tarif spécial* y annexé.)

Atteinte, par ce régime douanier. dans sa prospérité naissante et menacée dans ses espérances, la colonie fit une opposition ardente à l'application du tarif et la métropole dut la différer. Mais d'impérieuses nécessités mirent fin à ces indécisions. Le 15 juin, le Tarif fut promulgué dans toute l'étendue de l'Indo-Chine, désormais soumise au même régime douanier que la mère patrie.

Cette mesure ouvrit une nouvelle phase, peu différente de la précédente. L'Indo-Chine réservée par des droits protecteurs au travail français, mais ne pouvant pas tirer de France les objets dont elle avait besoin, et forcée de les payer aux étrangers plus cher qu'autrefois, souffrit et protesta. Notre commerce métropolitain, d'autre part, déçu dans son attente par la persistance de la concurrence sur ce marché qu'il croyait entièrement à lui, ne se jugea ni assez avantagé, ni suffisamment rémunéré des sacrifices qu'il s'était imposés en vue de l'expansion coloniale et protesta à son tour.

Un concert de réclamations se fit entendre. Le Gouvernement essaya d'y mettre fin par un remaniement du Tarif général. L'acte, daté du 11 janvier 1892, fut adapté à chacune de nos colonies, à l'Indo-Chine comme aux autres, par le décret du 29 novembre 1892, qui devint loi par sa promulgation le 3 janvier 1893.

Un peu auparavant, le 28 mai 1892, le Gouverneur général de l'Indo-chine avait édicté un tableau des droits de sortie, destiné à remplacer le tableau similaire de 1889.

L'ensemble de ces derniers actes constitue l'état actuel du régime douanier donné par la France à l'Union Indo-Chinoise, dont fait partie le Protectorat de l'Annam et du Tonkin. L'avenir nous apprendra si ce troisième tâtonnement a mis dans nos mains la bonne méthode.

LE

RÉGIME COMMERCIAL

DE L'INDO-CHINE FRANÇAISE

(ANNAM ET TONKIN)

CHAPITRE PREMIER

PREMIÈRE PÉRIODE

État antérieur à 1886

Traités qui nous investissent du Protectorat. Droits et avantages qu'ils nous concèdent.

Le Protectorat de la France sur l'Annam et le Tonkin a été réglé par une série d'instruments diplomatiques.

Le premier, signé à Hué le 6 juin 1884, modifiait un acte précédent du 25 août 1883, et mettait l'empire d'Annam sous notre protection; le second, signé à Tien-Tsin avec la Chine le 9 juin 1885, a été complété par les conventions commerciales du 25 avril 1886 et du 26 juin 1887. Celle-ci délimitait les frontières du Tonkin et réglait pour l'avenir nos rapports commerciaux et ceux de nos protégés avec la Chine.

Traité de Hué. (6 juin 1884.)

Le traité de Hué, promulgué le 2 mars 1886, portait :

Art. 3. — Les fonctionnaires annamites, depuis la frontière de la Cochinchine jusqu'à la frontière de la province de Ninh-Binh, continueront à administrer les provinces comprises dans ces limites, sauf en ce qui concerne *les douanes*, les travaux publics...

Art. 4. — Dans les limites ci-dessus indiquées, le gouvernement annamite déclarera ouverts au commerce de toutes les nations, outre le port de Qui-nhon, ceux de Tourane et de Xuan-day. D'autres ports pourront être ultérieurement ouverts après une entente préalable. Le gouvernement français y entretiendra des agents placés sous les ordres de son Résident à Hué.

Art. 12. — Dans tout le royaume, les douanes réorganisées *seront entièrement confiées à des administrateurs français*. Il n'y aura que des donanes *maritimes* et de *frontière* placées partout où le besoin s'en fera sentir.

Aucune réclamation ne sera admise en matière de douanes au sujet des mesures prises jusqu'à ce jour par les autorités militaires.

Les lois et règlements concernant les contributions indirectes, le régime et le tarif des douanes, et le régime sanitaire de la Cochinchine seront applicables aux territoires de l'Annam et du Tonkin.

Art. 13 — ...libre circulation, libre commerce, libre acquisition de biens, meubles et immeubles dans tout le Tonkin et dans les ports ouverts de l'Annam aux citoyens et protégés français...

Art. 18. — Des conférences ultérieures régleront la quotité à attribuer au gouvernement annamite sur le produit des douanes, des régies, etc.

Enfin l'article 19 annulait les conventions des 15 mars-31 août et 23 novembre 1874.

Traité de Tien-Tsin. (9 juin 1885.)

Par le traité de Tien-Tsin, la France obtenait les concessions suivantes :

Art. 5. — Le commerce d'importation et d'exportation sera permis aux négociants français ou protégés français et aux négociants chinois par la frontière de terre entre la Chine et le Tonkin. Il devra se faire toutefois par certains points qui seront déterminés ultérieurement, et dont le *choix*, ainsi que le *nombre* seront en rapport avec la direction comme avec l'importance du trafic entre les deux pays. *Il sera tenu compte à cet égard des règlements en vigueur dans l'intérieur de l'empire chinois.*

En tout état de cause, deux de ces points seront désignés sur la frontière chinoise, l'un au-dessus de de Lao-Kay, l'autre au delà de Langson. Les commerçants français pourront s'y fixer dans les mêmes conditions et avec les mêmes avantages que dans *les ports ouverts au commerce étranger.*

Le gouvernement de S. M. l'Empereur de Chine y installera des douanes, et le gouvernement de la République pourra y entretenir des consuls dont les privilèges et les attributions seront identiques à ceux des agents de même ordre dans les ports ouverts.

De son côté, S. M. l'Empereur de Chine pourra, d'accord avec le gouvernement français, nommer des consuls dans les principales villes du Tonkin.

Art. 6. — Un règlement spécial sera fait pour le commerce par terre entre le Tonkin et les provinces chinoises de Yunnan, Kouang-tong, Kouang-si. Il sera élaboré par des commissaires des deux nations nommés dans le délai de trois mois après l'adoption du présent traité.

Les marchandises faisant l'objet de ce commerce, seront soumises, à l'entrée et à la sortie, entre le Tonkin et les provinces de Yunnan et de Kouang-si, à des droits inférieurs à ceux que stipule le tarif actuel du commerce étranger. Toutefois le tarif réduit ne sera pas appliqué aux marchandises transportées par la *frontière terrestre* entre le Tonkin et le Kouang-tong, et n'aura pas d'effet dans les ports déjà ouverts par les traités.

Le commerce des armes, engins, approvisionnements et munitions de guerre de toute espèce, sera soumis aux lois et règlements édictés par chacun des États contractants sur son territoire.

L'exportation et l'importation de l'opium seront réglées par des dispositions spéciales qui figureront dans le règlement commercial sus-mentionné.

Le commerce de mer entre la Chine et l'Annam sera également l'objet d'un règlement particulier. Provisoirement, il ne sera innové en rien à la pratique actuelle.

L'article 7 stipulait « qu'en vue du développement commercial », la France construirait des routes au Tonkin et y encouragerait la construction de chemins de fer.

Droits concédés par ces traités.

Ces traités nous concédaient, en résumé :

Celui de Hué, l'administration pleine et entière des douanes (art. 1 et 12); l'ouverture de trois ports immédiatement, outre la possibilité de nouvelles concessions après entente (art. 4); le droit absolu de vendre, d'acheter, d'acquérir, d'échanger la propriété (art. 13) ;

Celui de Tien-tsin (art. 5 et 6) la faculté, que nous avions cherchée par la conquête du Tonkin, de relier par les voies terrestres la grande artère du fleuve Rouge aux provinces sud de la Chine (Yunnan, Szuchouen, Kouang-si, Kouang-tong) auxquelles le Yang-tse-Kiang ne fournit qu'un insuffisant débouché, à cause de l'éloignement de l'Océan, et de l'arrêt de la navigation à vapeur à Chun-king; une garantie de pacification par les entraves mises au commerce des armes et munitions de guerre; enfin l'exspectative d'un règlement pour le commerce de l'opium et le cabotage entre l'Annam et la Chine.

Mais les diplomates de Pékin avaient mis aux échanges par terre des restrictions qui indiquaient clairement leur arrière-pensée de les rendre aussi difficiles que possible, et s'étaient montrés très circonspects à l'égard de l'opium et du cabotage.

Régime douanier en 1885.

Ils avaient d'excellentes raisons pour agir ainsi. Le Yunnan exportait de très importantes quantités d'opium au Tonkin et en Annam; et ce trafic était tout entier aux mains des Chinois; en outre, ceux-ci, commerçants-nés, comme les Anglais, un instant contrariés par la guerre et les croisières de notre flotte, s'étaient empressés de redonner le branle à l'énorme mouvement de cabotage entre Faïfo, Haïphong, Hong-Kong etc. Les droits sur le commerce de mer, 5 0/0 *ad valorem* sur les marchandises étrangères, 2 1/2 0/0 sur les marchandises françaises, étaient loin de constituer une gêne pour eux.

Si les choses avaient pu rester en cet état, on peut conjecturer, sans trop hasarder, que, le commerce de l'Annam eût immédiatement pris une énorme importance et donné les résultats qu'on s'en était promis.

Besoins du Protectorat.

Malheureusement l'expansion coloniale était à ce moment combattue en France par les passions politiques les plus ardentes; la nation, mal éclairée, lui était hostile ou indifférente. On regrettait l'argent dépensé; on refusait de nouveaux sacrifices. On voulait deux résultats contradictoires : que la nouvelle colonie trouvât en elle à peu près les ressources indispensables à son existence, et, en même temps qu'elle fournît à notre industrie et à notre commerce un champ d'exploitation capable de nous rémunérer promptement des avances faites pour l'acquérir. Il fallait des douanes et un tarif, nettement protecteur pour nous et prohibitif pour nos concurrents étrangers.

En vain on apprit très promptement que l'Annam et le Tonkin sont avant tout des producteurs agricoles, et ont besoin de produits manufacturés, mais dans certaines conditions spéciales, dont ils ont l'habitude invétérée, auxquelles nos usines ne pouvaient pas encore satisfaire ; en vain on reconnut que l'Annam n'a pas de relations commerciales avec le Laos ou le moyen Mékong, tandis que le Tonkin est avant tout le passage le plus court et le plus commode entre les provinces chinoises riveraines du Pacifique et celles qui s'adossent au massif Shan. Le gouvernement du Protectorat, pressé par la nécessité de trouver sur place sa subsistance de satisfaire aux exigences métropolitaines fut amené, presque dès le début, à modifier l'ancien ordre de choses, et peu à peu, à demander aux droits sur le commerce une grande partie de ses ressources.

Premiers actes des pouvoirs locaux.

Dès le 6 septembre 1883, un arrêté du Résident Général subordonnait le service des Douanes aux Résidents provinciaux et le centralisait aux mains du Secrétaire général à Hanoï. Il fixait, pour le paiement des taxes, la valeur de la barre d'argent à 14 piastres 20 cents, et celle de la piastre à huit ligatures.

Le 10 décembre 1883, faculté de plombage était donnée aux marchandises pour Hanoï, à raison de 50 centimes par sceau. Ce taux, très élevé, fut réduit à 10 centimes le 13 décembre 1887.

Le 27 février 1884, il fut arrêté que le monopole de l'introduction, de la fabrication, du transport et de la vente de l'opium à fumer dans les différentes provinces du Tonkin, serait adjugé aux enchères publiques le 20 mars prochain. Il était trop tôt, sans doute, pour demander aux fumeurs d'opium la docilité contributive des fumeurs de tabac en France; car, le 12 avril, l'entrée de l'opium brut en boule fut autorisée au Tonkin. Mais, le 7 juin 1887, cette mesure sera rapportée, quand, sous l'empire des nécessités déjà énoncées, l'opium, malgré le mouvement d'échanges dont il est l'objet et le besoin qu'en ont les indigènes, sera devenu, comme l'alcool et le tabac en France, une des bêtes de somme du bugdet indo-chinois, et que la monopolisation en aura fortement diminué le trafic ouvert et augmenté la vente clandestine.

Le 25 décembre 1884, le port de Tourane fut ouvert et un bureau de douanes y fut constitué.

Mais cela ne suffisait pas. Le traité de Hué était signé; et tout ce qui précède y avait été ratifié ou autorisé, jusqu'à une ordonnance prohibant l'exportation des bêtes à cornes d'espèce bovine, lancée évidemment pour assurer les vivres du corps français d'occupation. Nous avions le droit de légiférer pour l'Annam et le Tonkin, pendant que nos négociateurs débattaient nos intérêts avec les Chinois.

Premier règlement du commerce.

Le 27 octobre 1884, un règlement intervint, en effet, parce que « la raison s'imposait de mettre fin le plus tôt possible à une situation des plus difficiles entre les Douanes et le commerce de Haïphong, par suite de l'absence de toute règle définie. »

Approuvé par lettre ministérielle du 2 avril 1885, il stipulait :

Article premier. — Sont ouverts au commerce de la France et des puissances étrangères les ports de Hanoï, Haïphong, Qui-nhon, Tourane et Xuan-day, ainsi que la navigation du fleuve Rouge, de la mer aux frontières du Yunnan; *il est interdit de se livrer au trafic, dans les autres ports ou sur la côte, ainsi que de pénétrer dans les embouchures autres que celles aboutissant aux ports précités*, sous peine de confiscation des navires et des marchandises engagés, au profit de la Caisse des douanes.

Art. 2. — Le cabotage de province à province est réservé aux jonques indigènes, sous réserve que les patrons seront munis de manifestes visés par les autorités locales.

Les navires portant pavillon français seront admis à faire le cabotage entre les ports ouverts, sous l'obligation d'être munis d'un passavant ou d'un acquit-à-caution, et de faire le transport direct *sans aucune escale volontaire à l'étranger*.

Art. 3. — Aucune société de commerce privilégiée ne pourra désormais être établie en Annam et au Tonkin, et il en sera de même de toute coalition organisée dans le but d'exercer un monopole sur le commerce, à l'exception des fermes créées ou à créer par le gouvernement annamite avec l'approbation de la France.

Art. 4, 5. — Défense d'importer armes ou munitions de guerre; armes de commerce vendues par les seuls Européens; réglement minutieux et sévère pour l'armement des navires et leur contrebande.

Art. 6, 7. — Position à prendre au mouillage, fanaux, etc.

Art. 9, 10. — Formalités pour un navire à l'arrivée.

Art. 11. — Il est expressément défendu de jeter dans le port quelque lest que ce soit. Les matières de cette nature seront déposées sur des points indiqués par le directeur du port. Toute infraction à cette règle entraînera une amende de 100 à 500 francs. (Cf. 17 octobre 86.)

Art, 12, 16. — Police sanitaire. Secours mutuels.

Art. 16. — Les bâtiments de guerre de toute nationalité entrant dans un des ports du Tonkin ou de l'Annam seront exempts de tous droits s'ils ne débarquent ou n'embarquent aucun article destiné au commerce. Ces navires seront tenus d'ailleurs de se conformer aux règlements institués pour la police de la rade et du port. Ils pourront s'y procurer les divers objets de rechange et ravitaillement dont ils auraient besoin, et s'ils ont fait des avaries, les réparer et acheter dans ce but les matériaux nécessaires, le tout en franchise des droits de douane.

Il en sera de même à l'égard des navires de commerce qui, par suite d'avaries majeures, seraient contraints de chercher refuge dans un port quelconque de l'Annam et du Tonkin; mais ils devront partir aussitôt *réparés*, à moins qu'ils ne soient dans un port ouvert, et alors, à ce moment, ils entreront dans le droit commun s'ils font du commerce.

Tarifs et perceptions des taxes.

Art. 19. — En attendant que le régime commercial du Tonkin soit définitivement arrêté, les droits de douane, à l'importation comme à l'exportation, resteront conformes aux taxes qui ont été fixées par le traité du 31 août 1874.

Sont aussi provisoirement maintenues en vigueur les dispositions relatives aux produits et provenances désignés spécialement dans ledit traité.

Art. 20. — Tout bâtiment entré dans l'un des ports ouverts du Tonkin ou de l'Annam et qui n'aura point encore levé le permis de débarquement mentionné à l'article 9 pourra, dans les deux jours de son arrivée, quitter le port et se rendre dans un autre port sans avoir à payer aucun droit autre que ceux imposés aux navires entrant et sortant sur lest.

Art. 21. — Tout navire qui ne déchargera qu'une partie de sa cargaison ne paiera les droits de douane que pour les marchandises débarquées.

Des marchandises débarquées, les droits acquittés, un commerçant, pour les réexporter, préviendra le Résident, qui préviendra la Douane, laquelle constatera l'identité et l'intégrité des colis et *attestera* le paiement des droits.

Avec ce papier, dans tout port d'Annam ou du Tonkin, le commerçant débarquera sans frais, après vérification des marchandises par la Douane.

Art. 22. — Défense de transborder sans permis. *Même en cas de force majeure*, il faudra en référer au

Résident qui certifiera le fait et fera délivrer le permis par la Douane, laquelle surveillera l'opération.

Art. 23. — Toute fraude punie d'amende ou de confiscation. Entrée des ports interdite au besoin aux contrebandiers.

Art. 27. — Jusqu'à ce qu'il ait été établi des entrepôts réels dans les ports ouverts, l'administration des Douanes est autorisée à accorder aux commerçants le bénéfice de l'entrepôt fictif dans les conditions fixées par le règlement général des Douanes.

Art. 28. — Vérification sur un point déterminé avec droit d'ouvrir, peser, etc., pour contrôler les colis.

Art. 29. — Aucune réduction de droits pour avaries aux marchandises d'exportation.

Réduction à celles d'importation quand l'avarie aura eu lieu entre le dernier port de chargement et l'arrivée, par fait de mer constaté.

Art. 30. — Obligation de remettre liste complète du chargement exportation.

Art. 32. — Droits de phare et d'ancrage fixés à 2 fr. par tonneau pour navires entrant sur lest ou sortant chargés; 1 fr. pour navires entrant sur lest, et sortant chargés ou inversement.

Sont considérés comme étant sur lest, les navires dont la cargaison est inférieure au vingtième de leur jauge en encombrement et à cinq francs par tonneau en valeur.

Les navires entrant sur lest et partant sur lest ne payent aucun droit de phare ou d'ancrage.

Il a paru utile d'analyser en entier ce document. D'abord parce que les mesures générales d'administration douanière prises subséquemment ne l'ont que développé ou restreint dans certains détails, sans changer ni sa physionomie d'ensemble, ni son esprit; ensuite parce qu'il applique les concessions à nous faites par le traité de Hué, escompte en partie le traité de Tien-Tsin et commence l'évolution qui, du régime très-ancien des droits *ad valorem* sur les marchandises, devait amener l'Annam et le Tonkin aux taxes multiples qui y sont levées aujourd'hui.

Passons sur un arrêté modifiant la solde et les accessoires de solde des agents douaniers indigènes (7 août 1885), rapporté d'ailleurs le 11 août 1886; et aussi sur un autre arrêté du 30 septembre 1885, fixant la solde et la composition des équipages des jonques de mer de la douane.

Résumé de la situation à la fin de 1885.

En somme, les actes du gouvernement avaient jusqu'alors été plus souvent inspirés par ses besoins immédiats que par une théorie raisonnée. Il avait assisté au mouvement commercial sans chercher à l'accélérer ou à l'endiguer sérieusement, et il profitait d'une prospérité qu'il n'avait pas provoquée.

Après une courte perturbation causée par le départ des Chinois, détenteurs du grand négoce depuis les traités de 1874, les affaires avaient peu à peu repris, grâce aux efforts de Français entreprenants venus au Tonkin pour y fournir les mille denrées solides ou liquides dites « articles pour soldats », ou, plus simplement, pour chercher fortune dans un pays neuf. Ils avaient accumulé de beaux bénéfices et fondé des maisons importantes. La paix faite, les Chinois étaient revenus, et leur industrieuse fourmilière avait recommencé son labeur, si profitable aux pays dans lesquels il s'exerce. Des deux côtés, efforts énergiques, stimulés par l'émulation, et par suite production presque instantanée d'une activité commerciale sans précédent en Annam comme au Tonkin.

Ce curieux résultat est mis en évidence par le tableau suivant emprunté au *Journal officiel* de l'Indo-Chine, 24 mars 1890.

TABLEAU RÉCAPITULATIF DU COMMERCE EXTÉRIEUR DE 1880 A 1885

ANNÉES	IMPORTATIONS DE			TOTAL EN FRANCS	EXPORTATIONS POUR			TOTAL EN FRANCS
	FRANCE	ÉTRANGER	ANNAM		FRANCE	ÉTRANGER	ANNAM	
1880	25.357	5.004.041	120.289	5.149.687	1.149.142	5.103.511	325.829	6.578.482
1881	68 943	4.867.282	245.273	5.181.493	796.803	5.826.681	788.683	7.412.167
1882	118.131	4.707.222	481.377	5.306.730	741.136	4.066.601	1.305.778	6.113.115
1883	405.606	2.922.601	319.813	3.648.020	649.987	3.440.359	349.778	4.440.124
1884	2.015.763	7.126.304	83.622	9.225.689	79.483	541.147	102.332	722.962
1885	3.421.610	14.667.087	402.003	18.490.700	49.718	593.287	78.066	721.071

Commentaire du tableau précédent.

Nous voyons que de 1881 à 1883 nos ventes au Tonkin ont vingtuplé; tandis que nos achats ont diminué de 50 0/0 et, qu'en même temps, le total du commerce extérieur est tombé de 12.593.665 (en 1881) à 8.088.144 (en 1883).

La guerre, les très grosses consommations de nos troupes, les croisières de notre flotte rendent facilement compte de l'accroissement de nos importations comme du déchet subi par nos concurrents étrangers ou annamites.

Et c'est si vrai, qu'à peine le traité signé, tout change. La France importe pour 2.015.763 fr., au lieu de 405.606 en 1883. Mais en même temps l'importation étrangère monte à 7.126.304 au lieu de 2.922.601 en 1883.

Les importations de l'Annam descendent de 319.813 à 83.622 ! Nos exportations tombent de 649.987 en 1883 à 79.483, tandis que celles de l'étranger de 3.440. 359, tombent à 541.147, et celles de l'Annam de 349.778 à 102.332 !

Quelle que soit la difficulté que nous éprouvons, faute de documents, à interpréter ces chiffres, ils parlent assez éloquemment pour que nous puissions conclure que la reprise si active des transactions est due aux Chinois, et à leur incessant cabotage, que la guerre même n'avait pu complètement interrompre. C'est eux qui importaient d'Annam, où notre commerce était à peine représenté, et surtout de Hong-Kong, coton égrené, cacao, cannelle, huile à laquer, huile d'arachides, médecines, nids d'hirondelles, porcs vivants, sel, sucre, soie et déchets de soie. Les Français achetaient en France des denrées alimentaires ou importaient de Bombay et de Singapore des cotonnades et crépons, meilleur marché que les « yarns » (cotons filés), des fabriques d'Angleterre. Nos fabriques métropolitaines en vendaient pour 10.000 francs !

Les résultats de 1885 corroborent les conclusions suggérées plus haut.

Les importations de France augmentent encore jusqu'à 3.421.610, les exportations pour France tombent à 49.718 ; pendant que les étrangers importent pour 14.667.087 et exportent pour 593.287, le commerce extérieur total se chiffrant par 19.211.711 au lieu de 9 millions en 1884.

Le système douanier, alors en vigueur, était pour beaucoup dans l'aisance de ce mouvement ascensionnel des affaires. Il a été bien souvent regretté et réclamé depuis au Tonkin, en Annam, et en général dans l'Indo-Chine entière. Sous le nom de « tarif chinois », connu et pratiqué depuis très longtemps, il comportait uniquement des droits *ad valorem*. Les français l'avaient mis à leur main en lui faisant rendre 2 1/2 0/0 sur les marchandises françaises, 5 0/0 sur les marchandises étrangères.

Enfin on ne mettait aucun obstacle à l'immigration chinoise, considérant que les taxes douanières ne pouvaient que gagner à l'exercice des talents du « Céleste », pour acheter et vendre même l'invendable.

L'année 1886 ouvre une ère nouvelle.

La France veut arrêter l'effusion d'argent causée

par la guerre, par le régime militaire consécutif; elle se décide à aménager sa riche conquête pour se dédommager de ses sacrifices et en tirer profit légitime.

Projet d'organisation du Protectorat. Rapport de M. de Freycinet.

Le 27 janvier 1886 M. de Freycinet adressait à M. le Président de la République un rapport inséré, le 28, au *Journal officiel*:

« La pacification de l'Annam et du Tonkin est assez avancée pour qu'il soit possible de placer désormais ce pays sous l'autorité civile et d'organiser le Protectorat sur des bases définitives.

.... Le Protectorat de l'Annam et du Tonkin est considéré comme un service distinct et indépendant, ayant ses lois propres, son budget, ses moyens et ne conservant avec le gouvernement de la métropole d'autres liens que ceux qui résultent de la nomination du Résident Général......... De la sorte l'administration sera transportée tout entière dans l'Annam et le Tonkin, et le contrôle seul sera réservé à la métropole.......... Le système administratif consistera à utiliser l'organisme relativement perfectionné qui existe dans le royaume annamite et à le faire fonctionner dans le sens de nos idées et des progrès que nous voulons faire réaliser à ces pays.

J'ajoute que, selon mes prévisions, les seuls services sur lesquels le Résident Général devra tout d'abord exercer une action directe, *parce qu'ils n'existent actuellement qu'à l'état rudimentaire*, sont les Douanes et les Travaux publics. Ce sont les instruments nécessaires de notre développement commercial, et l'on ne saurait attendre leur mise en œuvre de l'initiative annamite. Ces services réclament une unité de direction et un ensemble de vues que la métropole seule peut avoir. »

Nomination de M. Paul Bert comme Résident Général.

Pour transformer ces vues en un système politique, le gouvernement nomma Résident général en Annam et au Tonkin M. Paul Bert (31 janvier 1886).

CHAPITRE II

DEUXIÈME PÉRIODE

(Année 1886).

Proclamation de M. Paul Bert.

En débarquant, le Résident Général salua les Français et les Annamites par deux proclamations le 8 avril 1886.

Aux premiers il disait :

« Les vertus guerrières de nos soldats ont ouvert « *à notre commerce et à notre industrie* un magnifique « champ d'action. C'est à vous, Français de l'Annam « et du Tonkin, qu'il appartient de l'exploiter pour le « plus grand bien de la France et de l'Annam, dont « les intérêts sont désormais intimement et indissolublement liés. »

Aux seconds :

« Depuis longtemps, dans mon pays, je me suis « appliqué à connaître et à défendre les intérêts de « ce peuple d'Annam, si laborieux et si intelligent, et « j'ai demandé que le peuple français lui tendît une « main amicale.

« L'ardent désir qu'en toute occasion j'ai manifesté

« de le voir prospérer et jouir en paix du fruit de ses « riches cultures, a été la cause déterminante de la « mission que l'on m'a confiée et que j'ai acceptée « avec bonheur........

« Des malentendus nous ont divisés ; nos relations « ont été gravement troublées ; au lieu d'échanger pai- « siblement de la soie, nous avons brutalement « échangé du plomb ; le sang a coulé....

« Nos peuples ne sont pas faits pour se combattre, « mais pour travailler ensemble et se compléter l'un « par l'autre....

« Si des Français viennent se fixer sur votre terri- « toire, il faut que vous sachiez que ce n'est nullement « dans la pensée de s'emparer de vos terres ou de vos « récoltes, mais, au contraire, avec l'intention d'aug- « menter la richesse générale en donnant de la plus- « value à vos domaines, en facilitant vos exploita- « tions agricoles déjà si habilement conduites....

« ....Les Français sont vos frères aînés.(Ils) amélio- « reront votre situation agricole, industrielle et écono- « mique. »

Sa Politique.

On peut déjà voir quelle conception il s'était formée de notre rôle en Annam et au Tonkin.

Connaissant parfaitement l'énorme importance du trafic chinois même à Faï-fo ou Haïphong, sans parler de Shanghaï ou de Hong-kong, la richesse du Yunnan sud et ouest, du Szu-tchouen, du Kouang-si, il aurait voulu assurer au Fleuve Rouge entre ces divers centres commerciaux, le monopole du transit que lui réserve sa position géographique plus avantageuse que celle de l'Iraouady et du Yang-tse-Kiang où la navigation à vapeur ne dépasse pas Chun-King.

Son mot favori était : « Des douanes commerciales, pas de douanes fiscales », de façon à protéger le commerce français, et alimenter sur place, autant que possible, le gouvernement du Protectorat, en ne décourageant pas le commerce étranger. Il avait arrêté, dans ce dessein, tout un système de taxes sur le commerce.

Ses Tarifs.

Trois catégories étaient établies :

1° Toutes les marchandises françaises entraient en franchise. Le Tonkin était considéré comme une annexe de la France.

2° Toutes les marchandises étrangères, jugées susceptibles de ne faire aucune concurrence au commerce français, acquittaient un droit d'environ 5 0/0.

3° Toutes les autres marchandises étrangères étaient soumises au tarif général français.

Deux exceptions étaient admises :

1° Pour les marchandises étrangères destinées à la Chine (droit de 5 0/0 *ad valorem*).

2° Pour les marchandises étrangères, jugées absolument indispensables à la colonie et produites par l'industrie française à des prix notoirement trop élevés, droit variable, mais qui ne dépassait pas 10 0/0.

C'était demander au protectorat de lourds sacrices.

« Ces sacrifices, disait Paul Bert, ne sont pas, tant s'en

faut, l'équivalent de ceux que la France s'est imposés pour le Tonkin. Mais le colon qui vient s'établir en un pays, même chèrement conquis, admet difficilement que lui, particulier, doive, en quelque sorte, indemniser l'ensemble de la nation de ce qu'elle a dépensé en bloc et pour le compte de la masse; et ce qui n'est que justice, lui semble une iniquité.

« Dans aucun cas, du reste, j'en ai la conviction, le désir de sauvegarder les intérêts des habitants français ou indigènes ne m'a conduit à léser ceux du commerce français....

« Commencez donc par enrichir vos commerçants des colonies. La communauté a intérêt à compter des citoyens riches et prêts à toutes les libéralités ;et vous verrez ces commerçants, vos compatriotes, faire vos affaires en même temps que les leurs propres. Ils seront pour vous les meilleurs agents, les courtiers les plus habiles et les plus fidèles. Tous les renseignements, toutes les réformes vous viendront d'eux. Pas de grande industrie sans un commerce colonial florissant. »

Implicitement cela signifiait (la vérité hélas!) que nos produits se vendent mal au Tonkin comme en Annam parce qu'ils ne sont pas faits exprès pour le goût des consommateurs ; que le seul moyen de les faire vendre eût été de prohiber les similaires étrangers concurrents par des tarifs. Mais alors deux résultats : malaise de l'indigène privé de denrées auxquelles il est accoutumé, dont il a absolument besoin ; par suite mécontentement contre le protecteur malavisé ; puis, ruine du commerce colonial mis dans l'impossibilité de vendre par la prohibition des seules choses qui fussent vendables et achetées.

M. Paul Bert le disait du reste nettement aux Chambres de commerce de France :

« J'aurais été heureux de vous réserver le marché « du Tonkin ; mais comment le pourrais-je ? alors que « pour certains produits, soit ignorance des goûts et « des besoins du consommateur, soit cherté de votre « fabrication, à peine fournissez-vous 1/10 de l'importation totale ? Je ne puis donc que vous renseigner sur « les types qui plaisent aux populations indigènes. « *Fabriquez-les à des prix abordables.* Aussitôt que « vous pourrez satisfaire non pas même aux besoins « de toute la population, mais à une fraction de ces « besoins, j'établirai sur les produits similaires étrangers des droits comme vous les voulez, quasi prohibitifs, et vous serez les maîtres, à la fois, du marché « du Tonkin et du Yunnan. Jusque-là des tarifs prohibitifs n'auraient d'autre effet que d'appauvrir la « colonie sans vous enrichir vous-mêmes. »

Pourtant le courant de l'opinion allait déjà au protectionisme. Indépendamment de l'arrêté du 2 avril 1885 cité plus haut, le 13 février 1886 avait été restreinte aux produits de France ou des colonies françaises l'exonération des droits d'importation accordée à tout outillage d'usine à vapeur, chaloupe à vapeur, et autre matériel susceptible d'apporter un perfectionnement quelconque, « aux moyens industriels et commerciaux actuels ».

Le 23 février, on avait imposé des passavants aux marchandises françaises ou nationalisées importées au Tonkin, pour pouvoir bénéficier de la réduction du droit de 2 1/2 0/0, et des acquits-à-caution aux marchandises étrangères venant d'entrepôts de France et réexpédiées après transit ou transbordement.

Partie économique de son administration.

M. Paul Bert se mit résolument à l'œuvre. Le 11 avril, il créa une Direction du Contrôle des Services Financiers à laquelle il rattacha les Douanes.

Le 16, par une instruction spéciale, il recommanda aux Résidents et aux Vice-Résidents de favoriser autant qu'ils le pourraient les relations commerciales et industrielles entre Français et indigènes; de communiquer à ceux-ci tous les renseignements venus à leur connaissance, et de concilier, autant que possible, les litiges commerciaux.

Le 20 avril, il subordonnait le Service des Douanes, communes à l'Annam et au Tonkin, au Résident Supérieur d'Hanoï, sans doute pour l'avoir mieux à sa propre portée.

Il cherchait à tirer parti avantageux des articles 5 et 6 du traité de Tien-tsin autorisant le commerce par terre entre le Tonkin, le Yunnan et le Kouang-si.

Le 30 avril, il supprimait le poste de Tuan-quan créé sur le haut Fleuve Rouge, le 2 mars 1888, et rendu inutile par l'occupation de Lao-Kay.

Le 12 mars, il créait un poste de douanes à Thaïnguyen sur la rivière Claire.

Le 27 mai, le cabotage de province à province, qui avait été réservé aux barques annamites par l'article 2 de l'arrêté du 27 octobre 1884, fut permis à tous les bateaux battant pavillon français. Le 17 juin 1886, une décision complémentaire invita le Service des Douanes à donner aux vapeurs ou jonques de cabotage des manifestes en caractères chinois contrôlables par les agents indigènes au besoin.

Le 31 mai, le Cua-Day et le port de Nam-dinh furent ouverts au commerce, et un poste de Douane fut créé sur le Day, à l'entrée du canal de Phat-Diem. Le 17 juin, un arrêté en fixa le personnel.

Le 6 juin, la décision du 26 juin 1885, prohibant l'introduction et la vente de l'absinthe en Annam et au Tonkin, fut rapportée.

En même temps, pour contrarier la contrebande à laquelle offrait une véritable prime d'encouragement l'obstruction faite par les mandarins chinois au commerce par terre avec le Tonkin, un bureau de Douane était créé à Langson. Le 21 du même mois, sa composition était fixée.

Il était urgent de prendre cette mesure. Nous venions d'être bien avertis. Le 9 juin 1886, la mauvaise volonté de nos voisins avait été formulée dans le traité de Tien-tsin dont l'article 5 portait :

« Les Français ou protégés français ou étrangers du Tonkin ne pénétreront en Chine par terre qu'avec un passeport demandé par les autorités françaises aux autorités chinoises de la frontière. Les Chinois n'auront besoin que d'une simple autorisation des mandarins chinois.

« Les sujets chinois, qui voudront se rendre de Chine au Tonkin par voie de terre, devront être munis de passeports réguliers, délivrés par les autorités françaises sur la demande des autorités impériales »

En d'autres termes, le commerce par terre entre le Tonkin et les provinces méridionales de l'Empire du Milieu est libre, sauf pour les marchandises et les marchands qui ne feront pas la contrebande. Et impossible d'aplanir immédiatement cette grosse difficulté : le traité de commerce et de délimitation qui devait compléter le traité de Tien-tsin n'était pas encore signé. Nous ne pouvions que nous efforcer de tenir notre porte fermée avec une clef à nous, en attendant que notre voisin voulût bien consentir à une communauté rationnelle.

Insuffisance des tarifs ad valorem.

Cependant les revenus publics de l'Annam et du Tonkin étaient insuffisants. A l'absence de trafic par terre ou au moins de trafic produisant des taxes douanières, se joignait l'insuffisance des revenus attendus de la douane de mer. La cause en était l'inexpérience des agents chargés de lever les droits *ad valorem* sur les produits chinois ou annamites, dont la valeur intrinsèque varie énormément pour des raisons qui échappent à qui n'est pas familiarisé depuis longtemps avec les habitudes et les goûts des Asiatiques d'Extrême-Orient. De 1884 à 1886 le Trésor du Protectorat avait perdu près de 1 million de recettes, dérobées par l'habile dissimulation des Chinois. Malgré lui, M. Paul Bert se trouvait amené à chercher la matière imposable et à la frapper partout où elle pourrait être.

Tentative d'établissement d'une Ferme de l'opium.

Conformément au traité de Tien-tsin, il s'adressa à l'opium, funeste drogue, consommée en très grande quantité dans le Protectorat, introduite en contrebande, le plus souvent, et sur laquelle l'imposition de taxes était parfaitement normale. Le 17 juin 1886 il élabora un Règlement pour une Ferme de l'opium qui serait pourvue du monopole de l'importation, de la fabrication, du transport et de la vente de cette denrée dans les 13 provinces du Tonkin. Restait permis le transit par les bureaux de douane du littoral et de la frontière du Yunnan.

Cet arrêté, aussi minutieux que ceux que la Régie nous applique dans la métropole, ne fut jamais mis en pratique, parce que la mise en adjudication de la Ferme échoua.

Le 10 juin, avait été obtenue du Co-mat une ordonnance royale interdisant en Annam et au Tonkin l'introduction des armes, poudres, munitions et objets divers de guerre, excepté aux négociants français munis de permis signés d'un de nos résidents.

Enfin le Résident Général appela M. Emile Rocher, ancien assistant-commissaire des douanes chinoises, et, le 26 juin 1886, le chargea d'étudier le régime des Douanes au Tonkin et d'en préparer la réorganisation. Immédiatement l'effet de ce choix excellent apparut; l'examen des cargaisons chinoises, par un homme parfaitement compétent, amena, pour cinq bateaux seulement, un redressement d'évaluation de 90.000 francs et 4.500 francs de recettes pour l'état.

Un moment le Résident Général pensa, pour assurer au Protectorat des ressources que les Douanes ne produisaient pas encore, à organiser d'après les Fermes de l'opium et des jeux, celle du monopole du débit de l'alcool de riz. Il y renonça ; mais il resta de son projet quelques traces, car le 26 février 1888 des droits furent imposés sur les spiritueux introduits en Annam et au Tonkin. (Lettre du 6 juillet 1886.)

Droits sur l'opium.

Le projet de constitution d'une Ferme de l'opium avait profondément modifié le trafic de cette denrée. Elle payait déjà des droits énormes : 2.500 francs par picul (64 kilos) expédié de l'Inde; 1.760 francs par picul expédié du Yunnan.

Quand on menaça de lui demander de nouveaux revenus, elle devint encore plus tentante pour les contrebandiers auxquels elle permettait de formidables bénéfices. Des procès furent faits, et des amendes de 30 et 40 000 francs prononcées. Mais par suite des transactions, des réductions à l'amiable, le fraudeur payait peu et le Trésor restait seul frustré.

Le Résident Général comprit qu'il y avait une autre politique, celle des grands magasins, qui diminuent autant qu'ils le peuvent le poids supporté par chaque article de leur commerce, afin d'en augmenter le débit en alléchant l'acheteur par le bon marché.

Abaissement des droits sur l'opium.

Il abaissa de 2.500 francs à 780 francs les droits sur l'opium venant de l'Inde.

De 1.760 francs à 550 les droits sur l'opium venant du Yunnan (30 juillet 1886).

Cette conception, dont mainte expérience a depuis démontré la justesse, eut un effet merveilleux. Pendant les seuls mois d'août et de septembre la douane encaissa de ce chef 200.000 francs, au lieu de 5 à 6.000

qu'elle avait touchés les mois précédents, et de 170.000, produit total pour l'année 1885 tout entière.

Le 11 août, M. Rocher fut investi provisoirement des fonctions de Directeur du Service des Douanes pour l'Annam et le Tonkin. Le jour même, ce service fut réorganisé par un arrêté dont l'art. 17 est à retenir : « Un laboratoire et une collection contenant les matières et produits d'importation et d'exportation destinés à l'instruction du personnel, seront établis à Haïphong. »

Pour assurer le fonctionnement de la machine ainsi créée, le 29 août, le Résident Général rendit exécutoire l'ordonnance du 12 août 1886, par laquelle le Kinh-luoc intérimaire du Tonkin rendait applicable aux Annamites l'impôt mis le 11 décembre 1885 sur les navires, jonques et barques.

En vertu de l'article 12 du traité du 6 juin 1884, de l'article 3 du décret du 27 janvier 1886, un droit de 20 pour 0/0 fut mis, à compter du 10 septembre 1886, sur les monnaies de cuivre ou de zinc importées en Annam et au Tonkin.

Droits de tonnage.

Le 6 septembre, un droit de tonnage fut imposé aux navires entrant dans les ports ouverts de ces deux pays.

A L'ABONNEMENT

2 francs par trimestre pour les navires français.
4 francs — étrangers.

AU VOYAGE

0 fr. 50 pour les navires français.
1 fr. — étrangers.

Les navires qui s'arrêteraient, sans faire acte de négociants, ne paieraient aucun droit pendant 48 heures, mais passé ce délai, seraient soumis au droit d'abonnement.

Les mêmes raisons qui obligeaient à ces mesures absolument fiscales, amenèrent, le 6 août, la conclusion d'un contrat à l'effet d'établir à Haïphong des Magasins Généraux pour le débarquement, l'embarquement, la vérification douanière et, au besoin, l'entreposage des marchandises. Le Protectorat, exonéré par la Compagnie concessionnaire de certaines dépenses afférentes aux Douanes, lui concéda en échange le droit de percevoir sur les navires des taxes d'accostage, d'opérations, de magasinage, de traversée des magasins. Le gouvernement du Protectorat se réservait un prélèvement de 0 fr. 03 sur les 0 fr. 10 payés pour la traversée des magasins par un colis. Un tarif spécial était établi pour les riz et les paddys, et pour les marchandises lourdes et encombrantes transportées en vrac.

Le 16 octobre, l'importation des sapèques de cuivre fut défendue au Tonkin. (Contrairement à l'arrêté du 6 septembre précédent.)

Droits sur le sel.

Le même jour, un droit fut imposé, à partir du 1er novembre, sur le sel exporté de l'Annam et du Tonkin :

1 franc par picul, si la marchandise était destinée à l'interieur de l'Annam ou du Tonkin.

1 fr. 25, si elle était expédiée à l'étranger.

Le 15 octobre les droits sur l'opium préparé avaient dû être relevés à : 1.560 francs par picul pour les provenances de l'Inde. 1.100 francs par picul pour celles du Yunnan.

Le 17 octobre un grand règlement sur la police des ports fixa et compléta les ordonnances antérieures relatives au Service des Douanes.

Les droits de tonnage furent fixés à l'abonnement à :

2 francs par trimestre pour les navires français ou indigènes.

4 francs par trimestre pour les navires étrangers.

Ou bien à : 1 franc par tonne de jauge et par voyage, pour les navires étrangers et 0 fr. 50, par tonne de jauge et par voyage, pour les navires français.

Comme dédommagement, l'article 12 permettait à la Douane, faute d'entrepôt réel géré par elle, d'accorder, contre certaines garanties morales et pécuniaires, l'entrepôt des marchandises au domicile des négociants.

Le Protectorat pouvait légitimement espérer un important revenu du droit relativement léger mis sur l'exportation du sel, et ne pas craindre de la ralentir ou de l'arrêter. Douze millions de piculs sortaient annuellement des ports de Qui-nhon, Vinh, Mankong, Binh-dinh. Trois millions étaient réexpédiés à Macao, Hong-Kong, Singapore, et 7.500.000 piculs restaient au Tonkin, vendus à l'intérieur, ou étaient échangés avec le Yunnan. De même pour l'opium.

Mais les droits sur le commerce de ces denrées, familiers aux Français auxquels on enseigne la religion des impôts indirects, eurent pour conséquence une énorme diminution dans leur vente ouverte, et une aggravation de la contrebande. Le système douanier avait ainsi doublement travaillé contre lui-même: en amoindrissant les revenus, et en augmentant les difficultés du service. En outre les Chinois, indisposés, allaient riposter en mettant tous les empêchements imaginables au commerce par terre entre leurs provinces méridionales et le Tonkin. Ce qui devait appauvrir encore les revenus du Protectorat.

Les charges imposées au commerce par mer n'étaient pas de nature à atténuer ce fâcheux résultat.

Le 13 décembre, M. Paul Bert était mort depuis le 11 novembre, les produits indigènes, transportés en cabotage d'un point à un autre de la côte de l'Annam et du Tonkin, furent soumis au droit d'exportation. Cette mesure purement fiscale ne pouvait, elle aussi, que grever l'agriculture et gêner les consommateurs indigènes, tout en multipliant les contrebandiers. Il fallut du reste la rapporter le 26 février 1888, comme celle qui étendait aux barques de rivière les prescriptions douanières du 17 octobre 1886.

Taxe de séjour imposée aux Asiatiques non indigènes.

Enfin, le 23 décembre, intervint un arrêté malheureux, qui devait être le premier terme d'une série de mesures vexatoires, prohibitives contre les Asiatiques étrangers, c'est-à-dire les Chinois, qui furent, on peut le dire, considérés comme un article d'importation dont l'élimination s'imposait. Ils furent astreints à des cartes de séjour coûtant :

300 francs aux patentés de 1re et de 2e classes ;
100 — — de 3e 4e et 5e —
25 — aux employés de toute catégorie.
10 — aux prolétaires.

Les enfants au-dessous de 15 ans, les vieillards au-dessus de 60 ans, les femmes, les infirmes en furent dispensés, mais durent se munir de laissez-passer renouvelables le 1er janvier de chaque année, moyennant un droit d'enregistrement de 2 francs.

Le prix de la main-d'œuvre allait promptement subir le contre-coup de cet arrêté.

Tableau du commerce extérieur en 1886.

Malgré tout cela, l'année 1886 donnait, en somme, d'assez heureux résultats. L'organisation douanière progressait, et le commerce suivait une marche ascendante rapide.

Les importations avaient atteint	de la France ou des colonies françaises. .	6.013.000 fr.
	de l'étranger.	22.795.000 fr.
Les importations avaient atteint	pour la France ou les colonies françaises. .	1.968.000 fr.
	pour l'étranger. . . .	7.142.000 fr.

donnant un total général de 38.919.000 francs.

La récapitulation des totaux partiels, par frontière.

est instructive. Elle nous, apprend que, par frontières de mer, il avait été importé de France ou des colonies françaises 6.013.111 fr. 90. C'est le total de nos importations ; de l'étranger, 22.573.727 fr. 81 ;

La différence avec le total général cité plus haut est due aux importations par la frontière de terre, montant à 221.666 fr. 24.

Il avait été exporté :

Par les frontières de mer pour France et colonies françaises.	1.968.611 85
Pour l'étranger.	7.030.970 96

Ici encore une différence avec le total général, venant de l'exportation par frontières de terre, évaluée à 112.851 francs.

Ces deux chiffres, 221.666 fr. 24 et 112.851 fr., totalisant les échanges par voie terrestre, doivent être rapportés au seul Tonkin. Réunis en un seul, ils représentent 334.517 fr. 24, le chiffre d'affaires d'une maison de commerce de moyenne importance en province, c'est-à-dire bien peu de chose. Ils mettent en lumière le mauvais vouloir, sinon du gouvernement chinois, au moins des vice-rois des grandes provinces méridionales Kouang-Tong, Kouang-si, Yunnan, qui durera encore longtemps, comme la suite de cette étude le prouvera.

Les Statistiques Douanières de 1887, auxquelles nous empruntons ces éléments, ne donnent aucun renseignement sur le Cabotage, sur les Réexportations pour la France, les colonies françaises et l'étranger. Elles portent seulement 54.915 fr. 97 pour le Transit du mois d'août à la fin de décembre, ce qui prouve une fois de plus que la voie du Fleuve Rouge, vrai grand chemin de Hong-Kong au Yunnan, n'était pas encore utilisée sérieusement.

Mort de M. Paul Bert.

Si M. Paul Bert eût vécu, nul doute qu'il n'eût reconnu promptement que ces mesures, quelques-unes d'ailleurs postérieures à lui, nées d'impérieuses nécessités, ne pouvaient donner que des résultats contraires à l'attente du pays. Malheureusement une mort foudroyante l'avait emporté à Hanoï, le 11 novembre 1886.

CHAPITRE III

TROISIÈME PÉRIODE

(Année 1887).

---

§ 1

Établissement du régime douanier.

Pour faire du Tonkin ce qu'il doit être, un grand centre de consommation et une grande voie commerciale, il aurait fallu se résigner à attendre quelque temps les bénéfices tout en continuant les mises de fonds. L'exemple de Saïgon, déclaré port franc et que la liberté avait conduit à la prospérité eût pu faire penser que le commerce, comme tout organisme délicat, ne peut être acclimaté qu'à force soins et de de ménagements, dans un milieu favorable, créé au besoin, si la nature ne l'a pas fait.

Malheureusement, on ne pouvait pas attendre. En France, où le Tonkin était aussi impopulaire que jamais, on était impatient de profits immédiats, et bien peu de gens comprenaient qu'une entreprise coloniale est un « placement de père de famille », dont les revenus et le remboursement sont souvent à longue échéance. Il fallait toucher, et de suite, les plus fortes rentes possibles.

Tarifs votés par le Parlement.

Dans sa séance du 11 février 1887, la Chambre des Députés adopta la disposition suivante :

« Les produits étrangers importés dans la Cochinchine, le Cambodge, l'*Annam* et le *Tonkin*, seront soumis, à partir du 1er juin 1887, aux droits inscrits au Tarif Général de la métropole.

« Des règlements d'administration publique détermineront les produits qui, par exception à la présente disposition, seront l'objet d'une tarification spéciale, et les localités où les entrepôts pourront être établis. »

Immédiatement après le vote de la Chambre, le Sénat adopta cette disposition le 25 février 1887, et elle devint l'article 47 de la loi du 26 février 1887, fixant le budget des recettes et des dépenses pour l'exercice 1887.

Le département des Affaires étrangères demanda au Résident Général de l'Annam et du Tonkin de préparer d'urgence les mesures qui devaient permettre d'appliquer à partir du 1er juin la loi votée par le Parlement.

Vœux de l'Indo-Chine.

Par lettre du 28 mars 1887, M. Bihourd transmit au Ministre des Affaires Étrangères un rapport sur cette question et une liste des produits à comprendre dans le tarif d'exception.

Une entente presque complète avait réuni les divers membres de l'Indo-Chine française pour la présentation d'un tarif commun. Il ne pouvait guère en être autrement puisque tous allaient être fondus en « Union douanière » et soumis au même régime douanier, ce qui n'existait pas auparavant. Cependant, la discussion à laquelle se livra le Conseil d'Etat le 4 août, mit en lumière beaucoup de divergences, entre le Tonkin et la Cochinchine notamment, dont le commerce et les intérêts différents semblaient demander un traitement mieux approprié à leurs besoins que l'uniformité.

D'accord sur les *nids d'hirondelle*, les *noix d'arec*, ils ne l'étaient plus sur *l'anis brisé*, par exemple, et le *bétel*, ni sur les *médicaments chinois*. Pas davantage, sur des produits que le Tonkin seul demandait de taxer, comme les *ouvrages en bois de santal*, les *bottes* et *souliers en peau et satin*, les *bougies chinoises*, les *boutons de cuivre* et *boutons chinois*, *coutellerie*, *couvertures*, *meubles*, *mercerie*, *vermicelles chinois*, *articles en racines ouvragées*, *malles de Canton en peau*, *nankin*, *articles en peau*, *en peau verte*, *perles fines fausses*, *vêtements confectionnés chinois en soie ou coton*, *tissus de ramie*, *fleurs de lys sèches*, *lungan*, *montres émaillées et à perles*. La nécessité d'avoir égard à des exigences locales particulières se manifesta mieux encore sur d'autres questions.

La Cochinchine proposait de prohiber l'opium, le Tonkin de l'admettre avec des taxes diverses. Le monopole possédé par la Cochinchine nécessitait la prohibition ; mais au moment même où le Conseil d'Etat discutait, il résultait d'un télégramme annonçant la signature de la convention commerciale promise par le traité de Hué, que le gouvernement chinois autorisait l'importation au Tonkin de l'opium du Yunnan. L'intérêt était évident de lui laisser la porte ouverte, d'autant plus que les transports de marchandises sont à peu près impossibles entre l'Annam et la Cochinchine, par route de terre. Donc ce qui avantageait l'un ne pouvait pas nuire à l'autre.

De même pour le régime du Transit. Le Tonkin demandait qu'il fût autorisé moyennant paiement d'une taxe équivalente à 1/8 des droits d'entrée sur les tissus seulement, les autres produits restant soumis au droit de 2 1/2 0/0 *ad valorem*. On objecta au nom de la Douane que le transit est fait pour un pays doué d'une civilisation avancée et d'une organisation douanière complète : qu'il n'existait encore *aucun mouvement de transports* entre la Chine et l'étranger par la voie du Tonkin ; que des travaux considérables étaient nécessaires pour le créer. Il fut avec raison répondu, que l'octroi du transit pourrait assurer aux commerçants français, si intéressants, établis au Tonkin, des bénéfices et du fret pour la navigation fluviale. On cita des lettres de M. Bihourd indiquant, comme une des sources de richesses du Tonkin, le passage sur son territoire de produits destinés au Yunnan, au Thibet, ou les traversant ; prouvant que le chiffre des produits étrangers importés au Tonkin est quadruple de celui des marchandises françaises, et que cette proportion est la même pour le commerce européen avec les provinces du sud-ouest de la Chine. Fermer le passage à travers le Tonkin aux produits étrangers eût été priver sciemment notre colonie d'un important profit et avantager Canton, Shanghaï et même jusqu'aux villes riveraines du Yang-tse-Kiang.

Avis du Conseil d'Etat. — Décret présidentiel.

Cependant, après étude, le Conseil d'État émit un avis favorable, et, le 8 septembre 1887, le Président de la République promulgua le décret relatif à l'établissement du régime douanier en Indo-Chine.

Tarifs applicables à partir de 1887.

L'Annam et le Tonkin (comme la Cochinchine et le Cambodge) étaient soumis au tarif général français avec les modifications suivantes :

Article 2. — Les taxes applicables sont celles des produits d'origine extra-européenne importés directement d'un pays hors d'Europe, sauf en ce qui concerne les marchandises énumérées ci-après et soumises à des droits spéciaux (calculés sur un poids de 100 k., le plus souvent :)

Les produits et dépouilles d'animaux de 0,08 centimes (poudrette) à 800 francs (nids d'hirondelle de première qualité) sauf les plumes taxées à 5 0/0 *ad valorem*, les œufs conservés à 0,30 le cent, et le lait concentré laissé exempt ;

Les produits de pêche de 2,15 (poisson salé) à 85 fr. (ailerons de requins non préparés, première qualité), sauf les moules et coquillages frais, les perles fines imposées de 5 0/0 *ad valorem*, et les peaux de loutre de mer de 12 fr. par pièce ;

Les substances animales brutes, propres à la médecine ou à la parfumerie, de 3 fr. (cornes noires de buffles et cornes de cerf) à 1.200 fr. (musc), sauf le corail taxé à 5 0/0 *ad valorem* et les cornes de chevreuil jeune à 6 fr. 50 la paire;

Les farineux alimentaires, de 0,35 (riz et paddy) (riz non décortiqué) à 4 fr. (châtaignes, marrons et leur farine, vermicelle chinois);

Les fruits et graines, de 0,45 (noyaux de lucraban) à 10 fr. (anis étoilé), sauf les fruits frais soumis à 5 0/0 et les noix d'arek à 10 0/0 *ad valorem*;

Les denrées coloniales, de 1,85 (agar-agar) à 800 fr. (cigares et cigarettes de la Havane), sauf le sucre qui était prohibé;

Les huiles et sucs végétaux de 12 fr. (gomme gutte) à 1.000 fr. (camphre en paillettes, dit barrow), 2.600 fr. (opium de Bénarès bouilli ou préparé), (opium du Yunnan bouilli ou préparé et mélangé de Bénarès), et 1.833 fr. 33 (opium du Yunnan bouilli ou préparé sans mélange);

Espèces médicinales, de 1,20 (galanga), 1,65 (réglisse ou liquorie) à 420 fr. (ginseng du Japon ou de Corée, deuxième qualité), 600 fr. (ginseng de même provenance première qualité), sauf le ginseng chinois taxé à 5 0/0 *ad valorem*;

Le bois de 0,25 (charbon) à 7 fr. 10 (racine de putchuk);

Les filaments, tiges et fruits à ouvrer, de 0,60 (coton vieux) à 4,25 (chanvre), sauf les bambous, astreints à payer 3,60 le millier;

Les teintures et tanins, de 0,35 (écorce de manglier) à 25 fr. (gambier préparé);

Les produits et déchets divers, de 1,80 (peaux de pamplemousse) à 8 fr. (champignons, fungus et agarics), sauf les pousses de bambous assujetties à 5 0/0 *ad valorem*;

Les pierres, terres et combustibles minéraux, de 0,08 (plâtre) à 5 fr. (huiles minérales,) sauf le ciment imposé de 10 0/0 *ad valorem*;

Les métaux, de 3,60 (plomb en lingots, zinc en saumons) à 24 fr. (cuivre natif);

Produits chimiques, de 1,66 (sel marin) à 10 fr. (salpêtre);

Teintures préparées de 2,50 (indigo liquide) à 60 fr. (cochenille); *couleurs*, 5,50 (peintures vertes, produit chinois);

Compositions diverses, de 0,50 (sauces chinoises et autres préparations alimentaires non dénommées) à 1.700 fr. (bézoard), sauf 10 0/0 *ad valorem* sur les médicaments non inscrits dans la pharmacopée officielle;

Boissons, 50 fr. par hectolitre, sauf les eaux minérales, taxées à 5 0/0 *ad valorem;*

Poteries 3,25; *verre cassé* 0,25;

Tissus, 10 0/0 *ad valorem* sur les produits d'origine chinoise, 20 0/0 sur les produits d'autre provenance; les gunnies (sorte de toile d'emballage) étaient exemptes, et les couvertures chinoises payaient 30 fr.;

Papier et ses applications, de 0,33 (éventails en papier) à 60 fr. (cartes à jouer, y compris les cartes asiatiques);

Peaux et pelleteries ouvrées, 18 fr.;

Ouvrages en métaux de 5 0/0 *ad valorem* (ciseaux chinois) et 32 fr. 50 la paire (montres émaillées et à perles), à 200 fr. les 100 kilos (instruments d'optique);

Armes, poudres et munitions, 10 0/0 *ad valorem*;

Ouvrages en bois, 10 0/0 *ad valorem*;

Ouvrages de sparterie, de vannerie et de corderie,

de 1 fr. 30 par 100 paires (bottes et souliers chinois en paille) à 2 fr. 40 le rouleau (nattes en rouleaux de 40 mètres), et 5 0/0 *ad valorem* (articles en rotin);

Allumettes, en bois, 12 fr.; autres 20 fr.;

Curiosités, 5 0/0 *ad valorem*;

Fleurs artificielles, 100 fr.

L'article 3 exemptait de toute taxe les marchandises importées de France, d'Algérie et des Colonies françaises soumises au Tarif Général des Douanes, dans les conditions analogues à celles adoptées pour l'Indo-Chine, à condition d'avoir été transportées directement et par un même navire.

L'article 4 étendait cette disposition aux Colonies françaises, non soumises au Tarif Général, en y ajoutant l'obligation d'un certificat d'origine délivré par les autorités locales.

L'article 5 considérait comme transport direct un transbordement opéré d'un vapeur à un autre sur une même ligne à services réguliers.

L'article 7 assimilait aux importations étrangères les produits étrangers sortant des entrepôts de la métropole, de l'Algérie et des Colonies.

L'article 8 accordait une détaxe de 80 0/0 sur les droits d'importation pour les marchandises étrangères transitant à travers l'Indo-Chine française, et laissait au Résident Général le soin d'en régler la perception en Annam et au Tonkin.

L'article 9 admettait au bénéfice de l'entrepôt fictif, dans les locaux agréés par la Douane, les produits étrangers débarquant à Saïgon, Qui-nhon, Tourane, Haïphong, Quang-yen, Hong-gay, sans que la durée de l'entrepôt pût excéder une année, ni la quantité de marchandises en mouvement descendre au-dessous d'un droit minimum de 150 fr. à l'entrée et de 50 fr. à la sortie.

Le Parlement avait manifesté formellement l'intention bien arrêtée d'assurer à l'industrie nationale la plus forte protection possible sur le marché indo-chinois. L'administration avait agi en conséquence, sachant, qu'en ce qui touche les colonies, nous ne sommes pas liés par les traités de commerce, et jugeant que nous n'avons aucun avantage à accorder aux étrangers, dans nos colonies, les faveurs que nous leur avons données dans la métropole.

C'est pour ces raisons qu'on avait refusé aux marchandises étrangères nationalisées en France, le bénéfice du tarif conventionnel en Indo-Chine; que l'importation des sucres avait été prohibée, bien qu'on eût mis en avant, comme consolation, que les sucres indo-chinois jouiraient ainsi en France du déchet de fabrication; qu'on avait frappé les métaux et les minerais, malgré l'intérêt qu'il y aurait eu, au point de vue d'un mouvement d'échanges à maintenir et à augmenter entre le Tonkin et le Yunnan, à les charger le moins possible; qu'on avait laissé sur le transit en général 20 0/0 des droits complets. On avait pourtant reculé devant une taxe sur les gunnies, parce qu'elles servent à l'emballage des riz, et qu'on eût ainsi entravé le plus important des commerces locaux.

Actes du gouvernement du Protectorat.

Mais tout cela ne supprimait pas pour le gouvernement du Protectorat la nécessité absolue de tirer du pays lui-même le plus possible d'éléments de subsistance. C'est pourquoi, malgré le caractère vexatoire et odieux que risquait d'avoir, aux temps de disette, une taxe sur des objets de première nécessité comme le riz et les paddys, le Résident Général l'avait déclarée indispensable, parce qu'elle était la base du droit de cabotage, qui produit de grosses recettes. Cependant on ne pouvait méconnaître que rien n'est plus propre que la franchise de droits sur un objet dont la consommation ne peut pas diminuer, à développer un grand mouvement de navigation. Mais, nous le répétons, il aurait fallu pouvoir attendre, et on ne voulait pas, on ne pouvait même pas patienter.

Dès le 5 février le Résident Général avait rattaché directement à la Résidence Générale le Service des Douanes.

Le 1er mars il avait imposé la taxe de navigation à toutes les jonques et barques indigènes.

Le 2 mars il avait réduit à 0 fr. 60 par picul les droits mis sur l'exportation du sel par mer en 1886.

Mais le 29, revenant en partie sur sa décision, il avait imposé de 0,60 par picul le sel des salines de l'Annam et du Tonkin expédié vers l'intérieur du pays par les voies terrestres ou fluviales.

Toutes les salines de la côte en furent ruinées. Les Nhaqués, qui exploitaient cette industrie, commencèrent à émigrer dans l'intérieur des terres, et, depuis ce moment, on n'a pu réussir à rendre aux salines leur ancienne activité.

Le 27 mai, les marchandises d'origine étrangère, importées en Annam et au Tonkin, furent soumises aux droits spécifiés dans un tableau spécial; les marchandises d'origine française restaient exemptes. Les marchandises exportées de l'Annam et du Tonkin furent soumises à des droits énumérés également dans un tableau spécial, réduits de moitié quand le destinataire était en France ou dans une colonie française.

Un droit de statistique était désormais dû par les marchandises importées, quelle que fût leur provenance ou leur destination :

0,10 par colis sur les marchandises en futailles, caisses, sacs ou autres emballages;

0,10 par mille kilos ou mètre cube sur les marchandises en vrac;

0,10 par tête sur les animaux vivants ou abattus des espèces chevaline, bovine, ovine, caprine, porcine.

C'était, absolument, ouvrir la poule aux œufs d'or, pour la faire pondre davantage.

Le 20 juillet, nouveau règlement sur la ferme de l'opium.

Le 31 juillet le visa mensuel du permis de circulation des barques et sampans sur rade d'Hanoï fut subordonné au paiement du droit de 1,25 par mois pour stationnement.

Le 9 août, une mesure fiscale vint grever le magasinage des denrées. 24 heures après la vérification douanière, elles durent être enlevées à peine de payer :

Pour le 1er jour	0 fr. 20	par colis pesant moins de 1.000 kilos ou inférieur au cube de 1 m. c.	1 fr. par colis au-dessus de ces condit.
Pour le 2e jour	0 fr. 15	—	0,75 —
Et au delà de deux jours par jour de surplus.	0 fr. 10	—	0,50 —

Le 10 août, le réseau douanier reçut un supplément de mailles. Furent déclarés ouverts, sur la côte du Tonkin, le Lach-day, le Cua-lac, le Cua-balaï, le Lach-tray, le Cua-Cam, le Cua-nam-trieu, la rivière de Monkay, et constitués les postes douaniers de Phat-Diem, Luc-bo, Nam-dinh, Yen-lang, Wu-tong, Haï-phong, Quang-yen, Moncay.

Le même jour, un arrêté, plus favorable aux échanges, exempta des formalités de Douane les marchandises ayant acquitté les droits d'importation au port d'arrivée et destinées à être transportées dans l'intérieur du pays ; les marchandises venant de l'intérieur, sauf l'opium et les armes, quand elles seraient transbordées pour un port de l'intérieur ayant un bureau douanier, à condition expresse d'une déclaration préalable et sous peine de lourdes amendes.

Le 18 août, les thés importés du Yunnan furent imposés à raison de :

18 fr. 50 par tourteau carré de 100 kilos, 1re qualité ;
15 fr. 40 par tourteau rond de 100 kilos, 2e qualité ;
8 fr. par 100 kilos de résidus en vrac, 3e qualité.

(Mesure malheureuse, rapportée le 29 décembre 1889.)

Le 29 août, remaniement du régime du sel.

Le droit d'exportation fut fixé à 0,50 par 100 kilos ; et, pour les quantités envoyées à l'intérieur par les voies terrestres et fluviales, à 0.25 par 100 kilos.

C'était un adoucissement du précédent arrêté, mais cela ne suffit pas à remédier au mal qu'il avait fait.

Le 7 septembre 1887, dans l'intérêt de la Société fermière de l'opium, l'entrée de ce produit fut absolument prohibée, du Yunnan comme de l'Inde.

Le 8 septembre, conformément d'ailleurs à l'avis du Conseil d'État, (séance du 4 août), et au décret du Président de la République, en date de ce même jour, le Résident Général régla le régime du transit à travers l'Annam et le Tonkin. Son arrêté ne figure pas au *Bulletin officiel* du Protectorat ni au *Recueil* de Ganter; il est seulement visé par un subséquent du 3 mai 1889.

Le 13 septembre, une décision fixa à 0,10 le prix des plombs apposés par la Douane.

Le 12 octobre, l'agrandissement des Magasins Généraux fut autorisé.

Le 5 novembre, les postes de haleurs établis aux rapides du Fleuve Rouge furent supprimés « parce qu'ils coûtaient beaucoup trop cher, eu égard aux services qu'ils rendaient». (Les rapports de MM. Rocher et Fontaine, Directeurs des Douanes, pour 1887 et 1888, nous apprennent, en effet, que le mouvement des échanges entre le Tonkin et le Yunnan était nul.)

Le 27 décembre, malgré la prohibition des sucres étrangers par le tarif, on autorisa, moyennant un droit de 10 0/0 *ad valorem*, l'importation des déchets de sucre en tablettes de provenance chinoise.

Mesure intelligente et de bonne politique : les Annamites consomment abondamment ce produit, et nos manufacturiers n'auront garde de le leur fournir. Elle dut être rapportée le 27 juillet 1888.

Le 27 décembre, nouvel arrêté contre le sel.

A partir du 1er janvier 1888, les produits des salines du Tonkin, exportés à l'étranger ou expédiés à l'intérieur par les voies terrestres ou fluviales, furent passibles d'un droit de 0,60 par 100 kilos.

Les produits des salines de l'Annam furent soumis au droit de 0,25 par 100 kilos pour l'exportation et pour l'importation à l'intérieur du pays par les voies terrestres et fluviales.

Les sels provenant de l'Annam et introduits au Tonkin durent payer un complément de taxe de 0,35 par 100 kilos.

Cette taxation singulière, jointe à celle de 0,35 par 100 kilos du Tarif Général, n'était assurément pas faite pour relever l'industrie saline, en Annam surtout!

Le 31 décembre, le contrôle de la Ferme de l'opium fut attribué à la Douane, sans doute pour mieux assurer la fermeture du pays aux produits de Benarès et du Yunnan, introduits par contrebande, sans avoir passé par la fabrique de Saïgon.

Mentionnons pour mémoire, le 25 février 1887, la création d'un appontement flottant à Hung-Yen; le 21 mars, l'amélioration du chenal du barrage de Hao-trang; le 26 mai, des crédits pour l'achèvement du canal de Ceinture à Hanoï; le 22 octobre, des crédits pour un service de halage à Sontay, et le 27 novembre, pour les études du chemin de fer de Hanoï à Hong-haï, sans énumérer bien d'autres arrêtés portant sur les détails de l'administration douanière courante.

Tableau du commerce extérieur en 1887.

Les résultats de l'année 1887 furent les suivants :

IMPORTATIONS

	De France et des colonies françaises.	De l'étranger.
1er trimestre.	882.000 fr.	5.793.000 fr.
2e —	1.748.000	9.329.000
3e —	2.989.000	6.282.000
4e —	3.013.000	8.282.000

Ce tableau met en évidence une progression continue des importations françaises, qui semble donner raison aux partisans des tarifs protecteurs. De plus, nouvel argument favorable, le commerce étranger fléchit pendant le troisième trimestre, c'est-à-dire au moment où le tarif général, appliqué en Cochinchine depuis le 1er juillet, est imposé à l'Annam et au Tonkin le 8 septembre.

Mais, pendant le quatrième trimestre, les importations françaises ne gagnent que 24.000 fr., tandis que les étrangères sautent de 2 millions pour atteindre presque le taux du second trimestre, moment où nos concurrents accumulaient des stocks en prévision de l'adoption des Tarif général et spécial.

Cette constatation permet de suggérer que les populations annamites, denses, policées, laborieuses, n'aspirent qu'à nous rendre, en échange de la paix, tous les éléments d'une brillante situation commerciale, en tant qu'ils ne seront pas contrariés par les erreurs administratives ou économiques. Le manque de statistiques détaillées en 1887 ne permet pas de sortir de ces généralités pour risquer des conjectures et des conclusions plus précises.

EXPORTATIONS

	De France et des colonies françaises.	De l'étranger.
	—	—
1er trimestre.	294.000	1.234.000
2e —	633.000	1.723.000
3e —	673.000	2.625.000
4e —	606.000	2.263.000

Total général.

Ce qui donne un total général de :

Importations. { 8.682.000 fr. de France et Colonies françaises.
29.686.000 de l'étranger.

En bloc. . 38.368.000 francs ;

Exportation. { 2.206.000 fr. pour France et Colonies françaises ;
7.845.000 pour l'étranger,

En bloc. 10.051.000 francs.

Et pour le mouvement général : 48.419.000 francs.

La comparaison avec les totaux précédemment mentionnés accuse une différence en plus :

2.669.000 fr. pour l'importation de la France et des Colonies françaises ; 6.891.000 fr. pour l'importation de l'étranger ; 237.000 fr. pour l'exportation en France et aux Colonies françaises, et 703.000 fr. à l'étranger. Soit un gain de 10.500.000 fr. pour l'ensemble des transactions sujettes à la Douane en 1887, sur l'année 1886.

Remarquons toutefois que les ventes et les achats de la France et de ses colonies ne représentent que 10.888.000 fr., tandis que les transactions de l'étranger atteignent 37.531.000 fr., c'est-à-dire plus du triple, et que nos achats surtout ne représensentent même pas le tiers de ceux qu'opèrent les étrangers dans le Protectorat.

Mouvement de la navigation.

Le mouvement de la navigation donne des résultats de signification identique :

	NAVIRES CHARGÉS		NAVIRES SUR LEST		VALEUR DES CHARGEMENTS		
	Nombre.	Tonnage.	Nombre.	Tonnage.	March. franç.	March. étrang.	Total.
rées. .	1.868	247.072 30	943	46.079 11	8.612.159 00	28.402.039 09	37.084.198 09
ties . .	1.779	226.335 13	643	68.831 24	2.939.851 [illegible]1	6.067.904 57	9.007.756 48

otal des entrées : 2.811 navires portant 293.151 tonnes 41, valant 37·084.198 fr. 09
otal des sorties : 2.422 -- — 295.166 — 37, — 9.007.756 fr. 48

Donc il était entré 89 navires de plus qu'il n'en était sorti des ports de l'Annam et du Tonkin, avec un chargement.

La sortie sur lest avait été supérieure de 300 navires à l'entrée; la valeur des cargaisons à l'entrée presque le quadruple de celle des cargaisons de sortie. Enfin le tonnage des sorties était supérieur de 2.014 tonnes 96.

Cela accuse tout autant d'apathie chez l'étranger que chez nous, et tout autant de préoccupations étroites où le souci de l'avenir ne tenait aucune place. Mais cela révèle aussi le caractère particulier du commerce dans ces régions et le parti que nous pourrions en tirer, si, suivant les indications fournies par le service des renseignements de M. Paul Bert à nos négociants et Chambres de commerce, nous voulions bien consentir à fabriquer spécialement pour le goût des consommateurs coloniaux; ou mieux encore, à mettre nos capitaux, extraits trop souvent des célèbres bas de laine par des aigrefins, dans des usines ou manufactures créées sur place au Tonkin, et dont la prospérité rapide ne fait doute pour personne.

Décomposition du commerce par frontières.

La décomposition du commerce par frontières est encore instructive et fournit des résultats à retenir.

IMPORTATIONS PAR FRONTIÈRES DE MER

MARCHANDISES FRANÇAISES			MARCHANDISES ÉTRANGÈRES	
De France. Valeurs.	Des colonies franç.	Total.	Valeurs	Total général des Importations
6.073.520 39	2.608.638 61	8.682.159 00	28.402.039 00	38.084.198

PAR NATURE DE PAVILLON

Pavillon français. Valeurs.	Pavillon étranger. Valeurs.	Total.
7.575.042 63	29.509.155 46	37.084.190 09

Le total des marchandises françaises exportées par voie de mer, et la valeur de celles qui avaient été introduites sous pavillon français, diffèrent de 1.107.116 fr. 37. La valeur des transports sous pavillon étranger fait ressortir ce chiffre qui, ajouté à 28.402.390,09, valeur donnée pour les chargements à l'entrée en marchandises étrangères, produit 29.509.155, 46.

Donc une notable quantité de marchandises françaises était entrée au Tonkin sous pavillon étranger. Comme le tarif du 8 septembre ne permettait pas la nationalisation par paiement des droits conventionnels, il faut bien admettre, comme l'écrivait un négociant de Reims à M. Paul Bert, « qu'on a pris l'habitude de vendre nos tissus aux Anglais qui, aidés par leur marine et leurs relations extérieures, les ont portés sur tous les marchés comme provenant de leur fabrication. — Je crains bien même, ajoutait le même correspondant, qu'il n'en soit ainsi pour beaucoup de tissus qui semblent fabriqués par les Allemands. »

Sans parler, autrement que pour mémoire, de la mauvaise organisation de nos services maritimes, du prix trop élevé du fret sous notre pavillon et de mille autres détails qui ont, jusqu'à présent, plus sérieusement nui à l'expansion de notre production industrielle et commerciale aux colonies que tous les efforts loyaux ou non de nos concurrents.

EXPORTATIONS PAR FRONTIÈRES DE MER

urla France	Pour les col. franç.	Total	Pour l'étranger	Total général.
67.258 21	2.038.917 55	2.206.175 66	6.801.580 82	9.007.756 48

PAR PAVILLON

Pavillon français.	Pavillon étranger.	Total.
2.114.106.66	6.893.649.82	9.007.756.48

Le total des exportations françaises par voie de mer diffère du total des marchandises françaises exportées de 92.079, qui ont été exportés sous pavillon étranger. De plus celui-ci gagne 825.745,25 sur la sortie par voie de mer citée plus haut (mouvement de la navigation).

Évidemment, les marchandises indigènes avaient profité des avantages d'un fret moins élevé offert par nos concurrents allemands, anglais ou chinois. En ce qui nous concerne, 1.199.185 fr. 37 de marchandises avaient payé leur transport à d'autres qu'à nos nationaux.

FRONTIÈRES DE TERRE

Importation	1,284.526 87
Exportation.	1 044.044 72
TOTAL.	2.328.571 79

Chiffre encore bien faible, qui prouve combien rares et difficiles étaient les communications par terre avec la Chine méridionale.

CABOTAGE

Provenant de l'Annam et du Tonkin . . .	3.277.691 89
A destination de l'Annam et du Tonkin .	3.252.869 99
TOTAL.	6.530 561 88
Transit. Valeur des marchandises.	163.817 17

RÉEXPORTATIONS

Pour la France et les colonies françaises .	37.599 40
Pour l'étranger	204.304 20
TOTAL	241 903 60

Chiffres qui prouvent d'une part que les taxes fiscales et vexatoires écartaient du Fleuve Rouge tout transit et, d'autre part, que les étrangers savaient utiliser mieux que nous les ressources du pays.

NUMÉRAIRE

La piastre = 3.85.

Numéraire importé :

De France et des colonies françaises.	118.815 piastres
De Hong-Kong	20.501 —

Numéraire exporté :

En France et aux colonies françaises .	1.126.188	piastres.
A Hong-Kong.	4.405.481	—

Désavantage énorme pour le commerce annamo-tonkinois. Il avait payé en argent, en subissant tous les inconvénients de cette monnaie à variations incessantes, surtout en Extrême-Orient, tandis qu'on l'avait payé, lui, en marchandises, comme le prouvent, d'une part, les gros chiffres, cités à l'importation, d'autre part, l'énorme écart qui les sépare de ceux de l'exportation, et enfin la différence frappante des exportations de numéraire pour la France et les Colonies françaises avec celles destinées à Hong-Kong.

TRANSBORDEMENT

Marchandises pour la France.	Pour les colonies françaises.	Pour l'étranger.
174.472 04	554.622 87	3.923.357 99

Total général : 4.652,452 90.

soit plus de la moitié du chiffre total des exportations par voie de mer.

En résumé, durant cette aunée 1887, parmi ces résultats, les uns semblaient donner raison aux partisans des tarifs protecteurs, les autres semblaient prouver à leurs adversaires que le mouvement des échanges était soumis à une croissance normale, soustraite à l'action dirimante de l'administration et de la Douane, et dépendant uniquement du rétablissement progressif de la tranquillité en Annam et au Tonkin, du retour des Annamites à leurs cultures, et du beau temps.

Mais l'année 1888 permit de formuler d'autres conclusions.

§ 2

(Année 1888).

Actes du Gouvernement du Protectorat.

Le Gouverneur Général remania d'abord les taxes que les navires et bateaux de transport ou de pêche payaient en Annam et au Tonkin en vertu de l'ordonnance du 11 décembre 1885 (7 janvier 1888). Suivant leur longueur, leur largeur et leur capacité, ils furent répartis en six classes soldant des sommes variant de 174 fr. 30 à 7 fr. 32.

Il transforma le régime du sel le 22 février 1888.

A partir du 1er mars, les sels provenant des salines de l'Annam et du Tonkin, exportés à l'étranger, furent passibles d'un droit de cinq cents par 100 kilos.

Les sels de l'Annam et du Tonkin, transportés dans l'intérieur de ces deux pays, soit en cabotage par voie de mer, soit par les voies terrestres ou fluviales, furent soumis à un droit de trente cents par 100 kilos.

Les sels ayant acquitté le droit d'exportation, qui seraient réimportés par quelque voie que ce fût, ou livrés à la consommation sur la côte, durent acquitter un complément de taxe de 20 cents par 100 kilos.

Les navires et jonques furent autorisés à effectuer leurs chargements de sel directement aux salines, sous la condition expresse de prévenir au préalable le poste de Douane le plus voisin et d'y acquitter les droits.

Le tout, sous peine d'amendes échelonnées de 100 à 2.500 fr., outre confiscation du bateau et de la marchandise.

Ce régime fut encore changé le 19 août 1888. Les sels importés en Annam et au Tonkin intérieurs furent taxés à 0 fr. 15 par 100 kilos; les sels exportés à l'étranger furent exemptés de toute taxe.

Tableau des fluctuations des droits sur le sel.

Voici un tableau des fluctuations subies par ce produit depuis le 16 octobre 1886 :

Dates des arrêtés.	Droits pour l'importation à l'intérieur de l'Annam et du Tonkin.	Droits pour l'exportation à l'étranger.
16 octobre 1886.	1 fr.	1 25
2 mars 1887.	0 60	0 60
29 mars —	0 60	»
29 août —	0 25	0 50
27 décembre —	0 25	0 60
22 février 1888	0 30	0 05
En plus	0 20 pour réimportation.	
19 août 1888	0 15	»

Après cela, la faute commise à l'origine est évidente, non moins que la difficulté de renoncer à des ressources devenues habituelles.

Le 26 février, le Résident Général supprima les droits sur les produits indigènes transportés en cabotage d'un point à un autre de la côte de l'Annam et du Tonkin, à condition pour eux d'être munis d'un acquit-à-caution, comme cela était de règle pour le transit à l'intérieur.

Le 26 février, fut encore organisé le personnel chargé, sous la direction du Service des Douanes, du contrôle de la Ferme de l'opium (1).

Cet arrêté sera modifié le 15 janvier 1890 et rapporté définitivement le 19 mars de la même année.

Droits sur les spiritueux.

Le 26 février, également, les spiritueux furent soumis à des droits énumérés ci-après, en augmentation de ceux qui avaient été fixés le 8 septembre 1887 :

Article premier. — Les eaux-de-vie, les fruits confits à l'alcool, les spiritueux de toute nature et de toute provenance, à l'exception des vins de Chine, sont, à leur introduction dans l'Annam et le Tonkin, assujettis à un droit de consommation fixé à 25 cents par litre d'alcool pur sans que la perception puisse descendre au-dessous de douze cents et demi.

Art. 2. — Le droit à percevoir sur les vins de Chine, de Tien-tsin et de Canton, est fixé à 32 cents par litre.

Art. 3. — Cette perception est effectuée au moment

1. A la fin de 1887 (le cahier des charges de la concession est du 7 septembre), avait eu lieu la concession de la Ferme de l'opium. (Cf. plus haut page 27.)

de l'arrivée en Douane, et les droits sont acquittés avant l'enlèvement des marchandises.

La taxe de consommation ne se confond pas avec les droits établis par le décret du 8 septembre 1887.

Art. 4. — Les eaux-de-vie et autres spiritueux en *transit* ou *réexportés* ne sont soumis à aucun droit. Les alcools destinés au transit ou à la réexportation pourront être admis au bénéfice de l'entrepôt réel ou fictif dans les conditions établies par les décrets et arrêtés en vigueur.

Art. 5. — Les spiritueux destinés à être livrés aux services publics, en exécution de contrats réguliers, sont exempts des droits de consommation.

Ils pourront être admis en entrepôt réel ou fictif, et les sorties en franchise seront autorisées sur la production des commandes faites par le service concessionnaire et après *vérification des livraisons réellement* faites.

Le compte courant de ces entrepôts fictifs sera assuré à la fin de chaque mois, et les manquants non justifiés donneront lieu à la perception des triples droits sur les quantités constatées en moins.

Toute la législation douanière est applicable à la perception des droits établis par le présent arrêté (1).

Le 30 mai 1888, par dérogation à la loi frappant de 8 fr. par 100 kilos les farines importées, on abaissa à 6 fr. par 100 kilos les sommes dues par un négociant du Tonkin qui avait passé marché pour 30.720 quintaux de farine avec l'administration militaire, les 20 août, 7 et 12 décembre 1887.

1. Mesure d'une opportunité contestable bien qu'elle soit adoptée ailleurs, à Java, dans les colonies anglaises, etc.

Le 6 juillet, un nouveau règlement du nouveau Gouvernement Général astreignit les barques chinoises de pêche et de commerce à des taxes variant de 30 à 50 fr. pour la pêche, de 20 à 30 fr. pour le commerce, par an, en échange de la liberté de circuler et de pêcher et de la franchise pour le sel à saler et le poisson salé.

Le 6 août, l'importation des plants de caféier fut interdite au Tonkin.

Le 27 juillet, les déchets de sucre noir furent prohibés, par abrogation de l'arrêté du 27 décembre 1887, qui les admettait moyennant 10 0/0 *ad valorem*, et les mélasses desséchées furent admises au titre des mélasses autres que celles destinées à la distillation ayant moins de 50 0/0 de richesse saccharine.

Le 8 septembre, des industriels du Tonkin furent autorisés à exporter, avec exemption de tous droits, les chaux hydrauliques et ciments artificiels produits par leurs usines en Annam et au Tonkin.

On se préoccupait de développer sur place des industries françaises et on prenait le meilleur moyen. C'était la vraie contre-partie des tarifs protecteurs.

Le 11 septembre, par une mesure également bien conçue, fut exemptée du droit de statistique une cargaison de 500 piculs de riz, envoyée de la province de Binh-Thuan pour le compte du gouvernement annamite.

Le 19 septembre, l'introduction et la vente des armes et munitions de guerre furent absolument interdites *à tous*, au Tonkin et en Annam. La vente des armes, munitions et poudres de chasse resta seule autorisée, sous le contrôle de la Régie.

Le 16 septembre, fut confirmée aux missionnaires

catholiques la franchise douanière pour tous les colis contenant des objets destinés au culte ou à leur usage particulier.

A mentionner encore :

L'arrêté du 10 janvier 1888, réorganisant le Service des Douanes et fixant les soldes des personnels européen et indigène.

Compagnie des Messageries Fluviales du Tonkin.

Un arrêté du 17 février 1888, avait réglé l'exploitation des Messageries Fluviales du Tonkin, par MM. Marty et d'Abbadie, obtenue le 17 août 1886. Il fixait :

6 voyages de Hanoï à Haïphong;
3 — — à Phu-lang-Thuong;
3 — des Sept Pagodes à Dap-cau;
3 — de Hong yen à Nam-dinh;
3 — de Haïphong à Minh-ngoc;
3 — de Hanoï à Bac-Kat;
1 — de Bac Kat à Cho-bo;
1 — — à Tan-quan;
1 — — à Tuyen-quan;
1 — de Nan-dinh à Vinh;

Ces dispositions furent précisées et complétées le 10 septembre 1888.

Ce contrat a semblé pouvoir figurer dans une étude sur le régime commercial, en raison des facilités qu'il assurait au commerce dans la région du Delta, et du développement qu'il lui a donné en le prolongeant vers le haut Fleuve Rouge.

Inutile de mentionner quantité d'autres arrêtés de pure administration douanière.

Statistiques douanières.

Les Statistiques douanières pour cette année 1888, plus complètement établies que les précédentes, parce qu'un modèle uniforme avait été prescrit, montrent quels ont été les effets du tarif protecteur de 1887, non encore apparents dans le dernier trimestre de cette même année, et du traité de commerce signé avec la Chine avant la promulgation du décret et du tarif le 8 septembre.

Tableau du commerce extérieur en 1888

ANNAM

Tableau général des importations et des exportations pour l'année 1888.

La piastre = 3 fr. 85.

COMMERCE ENTRE LA FRANCE ET L'ANNAM (EN PIASTRES)

Importations de France dans la colonie.		10.354 81
Exportations de la colonie en France :		
Du cru de la colonie.	208 20	232 20
Provenant de l'importation . .	24 »	
TOTAL		10.587 piastres
		ou 40.779 95 en francs.

COMMERCE DE L'ANNAM AVEC LES AUTRES COLONIES ET PÊCHERIES FRANÇAISES

Importations des colonies et pêcheries françaises. . néant.

Exportations pour les colonies et pêcheries françaises :

Denrées et marchandises de la colonie. . . . . néant.

Denrées et marchandises provenant de l'importation	française .	néant.
	étrangère .	néant.

COMMERCE DE L'ANNAM AVEC L'ÉTRANGER

Importations de marchandises étrangères :

Par navires français :	
Des entrepôts de France.	néant
De l'étranger directement.	73.424 43
Par navires étrangers. . . .	1.004.313 34
TOTAL	1.077.737 77 piastres ou
	4.148.290.32 en francs

Exportations pour l'étranger :

Denrées et marchandises de la colonie. 835.836 96 piastres.

Denrées et marchandises provenant :

De l'importation française	260 »	7.026 12
De l'importation étrangère	6.766 12	
TOTAL		842.863 08 piastres ou
		3.245.022.86 en francs

TOTAL DES EXPORTATIONS pour l'étranger 1.920.600 85
ou en francs. 7.394.313 28

TOTAL GÉNÉRAL, du commerce annamite 1.931.187 86 piastres.
ou en francs 7.435.073 3610

TONKIN

Tableau général de la valeur des importations et des exportations pour l'année 1888

COMMERCE ENTRE LA FRANCE ET LE TONKIN (EN PIASTRES)

La piastre: 3 fr. 85.

Importations de France dans la colonie. 1.622.888 25

Exportations de la colonie en France :

Du cru de la colonie . . .	41.057 95	51.305 88
De l'importation.	10.247 93	
TOTAL		1.674.194 13 piastres
		ou 6.445.647 41 en fr.

COMMERCE DU TONKIN AVEC LES AUTRES COLONIES ET PÊCHERIES FRANÇAISES

Importations des colonies et pêcheries françaises	7.465 39
Exportations pour les colonies et pêcheries françaises :	
Denrées et marchandises de la colonie . .	néant
Denrées et marchandises provenant :	
De l'importation française	10 »
De l'importation étrangère	
Total	7.475 piastres 39 cents. ou 28.480.2515 en fr.

COMMERCE DE LA COLONIE AVEC L'ÉTRANGER

Importations en marchandises étrangères :

Par navires français :		
Des entrepôts de France. .	néant	Total 4.339.899 67
De l'étranger directement. .	44.129 47	
Par navires étrangers . . .	4.169.879 19	
Par frontières de terre. . .	125.891 07	
Exportations pour l'étranger :		
Denrées et marchandises de la colonie.	1.651.034 43	Total 1.695.746 56
Denrées et marchandises provenant :		
De l'importation française .	15.007 50	
De l'importation étrangère.	29.704 62	
	Total	6.036.646.23 piastres ou 23.241.087.9855 en fr.

Total général du commerce tonkinois 7.717.315 piastres 75 cents. ou 29.711.665 14 en francs.

Le total pour l'Annam et le Tonkin donne pour le commerce extérieur du Protectorat en 1888 = 37.146.738 fr. 50.

Comparaison avec les résultats de 1887.

Le produit de 1887 avait été de 48.420.526.36, sans faire entrer en ligne de compte, non plus, le Cabotage, le Transit et le Numéraire.

Dès maintenant donc, le premier résultat des tarifs et de la politique fiscale du Protectorat est une diminution d'affaires de 11.273.987 fr. 26, ce qui représente plus de la moitié du commerce extérieur en 1885.

Le Rapport sur les Statistiques des Douanes de 1888 donne ensuite les indications suivantes dont il convient de lui laisser la responsabilité:

Les importations se sont élevées à 28.243.382 fr. 20, en diminution sur 1887 de 7.516.704 fr. 15.

Les exportations ont atteint 10.360.632 fr. 88, en augmentation sur 1887 de 2.105.845 fr. 33.

Le même document officiel nous apprend que les importations ont atteint:

Pour le Tonkin, 23.881.012 fr.

Pour l'Annam, 4.362.370 fr.

dont le total: 28.243.382 diffère de 20 centimes avec le chiffre donné à la page précédente.

La diminution signalée plus haut porte sur les marchandises étrangères exclusivement. Elles ont perdu 8.008.800 fr.

L'importation française ne les a pas gagnés; la protection des tarifs l'a avancée de 490.000 fr.

A remarquer également, que l'importation du *riz* par suite d'une excellente récolte en 1888, a diminué de 5.153.000 fr. et que son exportation a augmenté de 2 millions.

Il a été importé 675.000 fr. de moins en *médicaments*, et la sortie de ces denrées a augmenté. On peut supposer que la production locale a supplanté l'étrangère.

L'opium a diminué de 629.000 fr. à cause des règlements draconiens destinés à protéger la Ferme; la contrebande seule en a profité. Le traité de commerce signé en août avec la Chine est venu ajouter un nouveau stérilisant en fermant le Tonkin à *l'opium* du Yunnan et le Yunnan au *sel* de l'Annam et du Tonkin.

Des réductions de :

176,000 fr. sur les *sucres*,

202.000 fr. sur les *cafés*,

376.000 fr .sur les *thés*,

765.000 fr. sur les *boissons*,

peuvent être attribuées au moins autant à la diminution du corps français d'occupation, grand consommateur de ces denrées, qu'aux droits du tarif.

La France avait surtout importé en Annam des *boissons* (8.000 fr.) du *papier* (5.000 fr.), des *ouvrages en métaux* (4.000 fr.), de la *bimbeloterie* (4.000 fr.), des *tissus de laine* (3.300 fr.), des *verres et cristaux* (2.000 fr.). Mais ces chiffres font triste figure auprès de 891.000 fr. de *fils de coton*, 495.000 fr. de *papier*, 115.000 fr. de *tissus*, 90.000 fr. de *conserves*, 16.000 fr. de *tissus de coton* (contre nous 400 fr. !), 52.000 fr. de *tissus de soie*, contre nous rien, 15.000 fr. de *vêtements*, contre nous 1,000 fr.; 17.000 fr. *d'allumettes*, contre nous rien.

Au Tonkin, nous sommes en moins mauvaise posture; mais malgré tout, nous sommes inférieurs et de bien loin encore. Si nous avons l'avantage avec

1.064.000 fr. de *farineux alimentaires*, contre 250.000 fr. de l'étranger; avec 322.000 fr. de *sucre* contre néant (grâce à la prohibition); avec 524.000 fr. de *métaux* contre 300.000 fr.; 48.000 fr. de *parfumerie* contre 7.000; 212.000 fr. de *tissus de laine* contre 160.000; 147,000 fr. de *pelleteries* contre 42.000; 762.000 fr. *d'ouvrages et métaux* contre 500.000; 167.000 fr. *d'instruments de musique* contre 5.000, sur tous les autres articles nous sommes distancés, et, parfois, de bien des longueurs. Nous vendons 125.000 fr. de *fils de coton*, contre 3.440.000 vendus par l'étranger; 224.000 fr. de *tissus de coton* contre 1.360.000; 3.600 fr. de *farines* contre 1.133.000, et ce, malgré les droits protecteurs de 8 fr. par 100 kilos ! Ni *café* ni *thé* contre 244.000 fr. et 785.000 fr.; ni *houilles* ni *pétroles* contre 800.000 fr. et 300.000 fr.; 32.000 fr. de *produits chimiques* contre 86.000 fr.; 68.000 fr. de *bougies* contre 156.000 fr.; 5.000 fr. de *tissus de soie* contre 288.000; 172.000 fr. de *papier* contre 475.000; *curiosités* néant, contre 400.000 fr.; *allumettes* néant, contre 27.000. Mais ce dernier résultat est encore un bienfait d'un monopole.

A noter l'énorme quantité de *fils de coton* introduits en Annam et au Tonkin, malgré les droits de 11 0/0 inscrits au tarif général.

La Statistique officielle fait remarquer que cette taxe, loin d'être protectrice, est restée exclusivement fiscale et ne permet pas à l'industrie française de lutter avec les filatures de Bombay. L'auteur du rapport officiel regrette que la protection accordée ainsi à l'industrie annamite et tonkinoise du tissage, spécialement pour les costumes ordinaires de coton écru, blanchi ou grossièrement teint, le soit au détriment de l'industrie française, tout en rapportant une taxe purement fiscale de 400.000 fr. Il ajoute qu'en élevant les droits assez haut pour permettre la lutte aux Français, l'Annam et le Tonkin auraient payé peut-être 310.000 francs de plus, tandis que l'industrie nationale aurait pu s'emparer d'une importation de 3 à 4 millions.

Il est naturel que l'administration des Douanes accorde aux tarifs protecteurs ou prohibitifs des vertus spécifiques de panacée; mais l'exemple du sel et de l'opium nous autorise à faire sur ce chapitre les plus expresses réserves et à risquer de suggérer que des droits trop élevés auraient eu pour résultat de tarir presque instantanément un important trafic, source de ressources douanières de toute sorte, de provoquer un profond mécontentement dans un pays tout récemment pacifié, d'y appeler pour ainsi dire la contre bande et par conséquent la piraterie.

L'étude des exportations de l'Annam et du Tonkin n'est pas moins instructive. Pour l'Annam le plus fort chiffre est pour la *cannelle* qui tient la tête avec 2.204.000 fr.; viennent ensuite les *soies* avec 392.000 fr.; les *rotins* avec 140,000; le *sel* avec 72.000! la *houille* avec 20.000, les *nids d'hirondelle* 88.000, les *peaux* 51.000, les *sucres* 60.000, et, les *bois* 36,000, tous chiffres qui indiquent un état commercial bien rudimentaire encore.

Pour le Tonkin le plus gros total appartient à la *soie* avec 2.545.000 fr.; viennent ensuite, le *riz* 1.934.000, le *faux gambier* 640.000, *les huiles* 280.000; les *poissons secs et salés* 160.000; *les peaux* 142.000, les *médicaments* 118.000, le *coton* 100.000, le *sel* 6.000, le plus faible chiffre étant fourni par les *ailerons* de requin, 3.000, contre 22.000 pour l'Annam.

En revanche le Tonkin exporte 24.000 fr. *d'étain*

brut, 36,000 fr. *de zinc*, qui évidemment viennent du Yunnan, car il n'existe pas de mines de ce genre au Tonkin, sauf un gisement de minerai d'étain, et encore supposé, plutôtque scientifiquement reconnu, dans la haute Rivière Noire.

Recettes de la Douane.

Les recettes spéciales de Douanes se résument ainsi :

IMPORTATIONS.

Droits à l'entrée.

Annam.	670.000 francs.
Tonkin.	1.815.000 fr.

EXPORTATIONS.

Droits à la sortie.

Annam.	622.071 fr. 80
Tonkin.	501.939 francs

En copiant simplement le document officiel.

Mais en convertissant les piastres en francs à raison de 3, 85 l'une, on trouve :

IMPORTATIONS	Annam.	678.178 fr. 38
	Tonkin.	1.854.319 fr. 56
EXPORTATIONS	Annam	622.071 fr. 79
	Tonkin	508.543. fr. 84
Et pour le total des Recettes		3.663.113 fr. 57

Ce qui établit un prélèvement d'environ 10 0/0 sur le commerce extérieur par la Douane,

En évaluant l'ancien prélèvement à 5 0/0 on trouve que sur le commerce de 1887 elle aurait touché 2.421.026.30, soit, brut, et approximativement, 1.200.000 fr. de moins. Mais le mouvement des échanges eût très probablement augmenté, au lieu de diminuer, et alors tout le monde y aurait gagné, l'administration et la colonie.

Critique du système douanier.

Cet état de choses pouvaitt être considérablement amélioré. Le rapport des Douanes pour 1888 contient (page 43) cet alinéa :

« En 1888, les transactions sont absolument nulles par la frontière de terre. Les autorités chinoises continuent à interdire tout commerce avec le Tonkin. Il est très désirable que le traité de commerce avec la Chine soit ratifié promptement. »

Et dans le même fascicule, aux dernières pages, on lit :

« N'est-il pas à craindre que le système douanier « actuel ne soit un obstacle à la transformation économique à désirer pour le Tonkin ?..... Il est aisé d'affirmer que la suppression complète des droits à « l'importation ou à l'exportation, que la franchise « absolue, à l'entrée comme à la sortie, sont éminemment favorables au développement de la prospérité de pays qui, comme l'Indo-Chine, exportent des produits naturels, n'importent que des produits fabriqués, n'ont aucune industrie locale à pro-

« téger, et cherchent à devenir des entrepôts pour les « pays voisins.

« Ce serait absolument vrai, si l'Indo-Chine était « un pays indépendant, et si le produit des impôts « intérieurs était suffisant pour faire face aux dépenses « de l'État. Mais il n'en est pas ainsi. L'Indo-Chine « appartient à la France, à qui elle a coûté fort cher, « et qui a le droit d'exiger de sa colonie certains « avantages commerciaux. D'autre part, les revenus « provenant des impôts directs et indirects sont « insuffisants. De là deux éléments de calcul que « négligent absolument ceux qui réclament la fran- « chise absolue, et dont ne tiennent compte qu'en « partie ceux qui demandent le rétablissement du « régime douanier qui existait précédemment au « Tonkin, c'est-à-dire des taxes fiscales d'environ 5 0/0 « sur toutes les importations étrangères et de 2 1/2 0/0 « sur toutes celles venant de France.....

« Il faut donc imposer des droits réellement protec- « teurs sur toutes les marchandises étrangères que « l'industrie française peut fabriquer et fournir à la « consommation de l'Indo-Chine en remplacement « des articles similaires étrangers. »

C'est, résumé en quelques lignes, tout le problème dont nous avons vu, depuis 1887, chercher la solution, et dont nous allons retrouver les éléments présentés et discutés par les colons, les Chambres de Commerce, d'une part, les Gouverneurs Généraux et leurs subordonnés des Douanes d'autre part, la France et les Chambres françaises de l'autre côté.

---

§ 3

(Année 1889.

Modification des Tarifs.

Réclamation contre les tarifs de 1887.

Dans le *Rapport douanier* du 10 juin 1888, le Directeur des Douanes disait : « ..... L'industrie fran-
« çaise fait de grands efforts pour fournir à la con-
« sommation du Tonkin, grâce aux droits protecteurs,
« les produits et marchandises qu'elle demande. Ces
« efforts n'ont jusqu'ici produit que peu de résultats.....
« Nous l'avons dit plus haut, les industriels français
« ont à modifier leurs genres de fabrication, peut-être
« à renouveler leur outillage, avant de pouvoir, même
« avec la protection, lutter victorieusement contre les
« concurrents étrangers maîtres du marché en ce
« moment. Il faut donc attendre avant de se prononcer
« sur les résultats du nouveau régime douanier, quant
« à la protection à accorder à l'industrie française,
« ce qui est le seul but de son établissement en Indo-
« Chine. »

Les résultats de 1888 n'étaient pas encore connus; mais on pouvait les pressentir et on les pressentait en Indo-Chine.

Rapport du Gouverneur Général.

Le Gouverneur Général se montrait plus affirmatif et formulait un avis catégorique :

Dans son rapport du 16 septembre il disait (1).

« Ce qui ressort des discussions qui ont eu lieu « devant le Parlement au moment de l'application du « Tarif Général, c'est que la Métropole voulait voir « établir en Cochinchine des droits essentiellement « protecteurs. Or, dans l'application, non seulement « on a frappé les matières similaires pouvant être « importées de la Métropole, mais encore et surtout « des matières n'ayant aucun similaire en Europe.

« Il en est résulté que les Tarifs douaniers qui, dans « la pensée du Parlement, ne devaient avoir qu'un « caractère protecteur, ont eu un caractère purement « fiscal,ce qui a soulevé contre l'application du Tarif « Général de si unanimes réclamations.....

« Au moment où les Douanes ont été établies, les « impôts qui frappaient la population indigène attei- « gnaient certainement le maximum de ce qu'on « pouvait exiger d'elle, et tous les administrateurs « étaient unanimes à déclarer qu'aller plus loin dans « cette voie, c'était s'aliéner de gaieté de cœur les Anna- « mites et s'exposer peut-être à de graves complica- « tions intérieures.....

« Les charges que l'impôt des Douanes fait supporter « aux indigènes s'augmentent ici des conditions dans « lesquelles se font les affaires.

1. La Cochinchine seule était visée dans ce rapport. Mais l'application à l'Annam et au Tonkin n'est nullement abusive, comme on s'en convaincra en revenant sur tout ce qui vient d'être exposé dans les pages précédentes.

« Les Chinois qui seuls font le commerce des pro-
« duits chinois n'ont pas en général beaucoup
« d'avances. Ils empruntent pour payer les droits de
« Douane..... Les droits de Douane et les charges de
« cette origine que crée leur application, se traduisent
« par une augmentation de prix considérable sur les
« objets importés, et que paye, en dernière analyse,
« le consommateur annamite.

« Les droits de Douane ont donc créé une charge
« très lourde pour la population indigène, sur laquelle
« pèse en définitive presque tout le budget. »

Le Gouverneur Général, qui ne parlait que pour la Cochinchine et Saïgon, proposait, sans le dire explicitement, le retour aux anciens tarifs (5 0/0, 2 1/2 0/0 *ad valorem*) et ajoutait :

« Je ne demande pas que la même faveur soit
« étendue à nos pays du Protectorat, dont la situa-
« tion budgétaire est encore trop précaire pour que
« nous puissions renoncer à une partie des revenus
« que nous assure le régime douanier. »

« Le maintien du *statu quo* au Tonkin et dans l'An-
« nam s'impose encore pendant quelque temps. »

« Cette inégalité de traitement n'offre d'ailleurs au-
« cun inconvénient, et il n'est pas à craindre que les
« marchandises similaires, exemptées de droits à leur
« entrée en Cochinchine, soient réexportées au Ton-
« kin par la voie de terre, beaucoup trop longue,
« trop coûteuse et trop dangereuse pour qu'il soit
« possible de la suivre. »

Dans un second rapport du 3 novembre, il revenait sur les raisons qui rendaient insuffisants les droits protecteurs. « Malgré les droits élevés qui les
« frappent, les cotonnades anglaises, suisses et alle-

« mandes ont continué à alimenter la consomma-
« tion. La cause principale de l'insuccès en Cochin-
« chine (nous avons vu le même résultat en Annam
« et au Tonkin) du commerce français d'importation,
« je suis obligé de le constater, c'est le manque
« d'initiative de nos industriels. Ils ont de tous leurs
« vœux réclamé un régime de protection, pour s'em-
« parer des marchés de l'Indo-Chine française, et ce
« régime protecteur une fois établi, ils n'ont fait que
« bien peu d'efforts pour en profiter, Ils ont cru pou-
« voir, grâce à la protection, imposer aux populations
« indigènes les produits ordinaires de leur fabrica-
« tion, sans tenir compte des besoins, des habitudes
« de la consommation, de l'organisation du com-
« merce local, des conditions des marchés indo-chi-
« nois. Au lieu de fabriquer pour l'indigène les pro-
« duits qu'il emploie, que lui imposent des nécessités
« dues au climat, aux mœurs, à la religion, l'indus-
« trie française à voulu obliger les Annamites, les
« Chinois, les Malais qui habitent nos possessions
« de l'Extrême-Orient a acheter tels quels ses pro-
« duits. Elle ne pouvait pas réussir... Aussi est-il à
« craindre, si nos industriels ne sortent pas énergi-
« quement de cette apathie, que le lourd sacrifice
« qui est imposé aux populations afin de protéger les
« produits français, ne soit fait en pure perte, sans que
« l'industrie nationale en retire les avantages espérés. »

Avis des chambres de commerce en France

Tel n'était pas l'avis de nos négociants français. La Chambre de commerce de Flers, par exemple, dans sa séance du 24 octobre 1888, appréciant une proposition de M. Ternisien, député de la Cochinchine, formulait des objections, également applicables à l'Annam et au Tonkin.

« On prétend que l'expérience acquise depuis l'application du tarif général est suffisante, et que les inconvénients résultant de cette mesure sont assez évidents pour qu'elle soit rapportée... L'expérience est loin d'être complète. Ce n'est pas au bout d'une année que l'on peut s'en rendre compte. Que les opérations commerciales aient éprouvé dans ces contrées un certain trouble, il n'y a en cela rien de surprenant. Les négociants qui y trafiquent s'alimentaient exclusivement de produits anglais, allemands, et la France, mal organisée pour le commerce d'exportation ne pouvait entrer en lutte sur des marchés qui sont les nôtres, dans des conditions d'infériorité notoires. Il était donc nécessaire pour mettre fin à ce monopole profitable uniquement à l'étranger et pour donner à la politique coloniale sa sanction naturelle, de protéger nos industries contre une concurrence impossible à soutenir.... Nos rivaux, prévoyant bien que le gouvernement français ne pourrait faire autrement que d'appliquer les tarifs réclamés, se sont empressés d'accumuler des approvisionnements considérables (pour deux ou trois ans, nous assure-t-on) afin de les soustraire aux droits (1) « Est-il donc étonnant, dans ces circonstances, que les entrées aient diminué et que les produits nationaux n'aient encore pénétré qu'en faibles quantités? Pouvait-on

1. Cela expliquerait peut-être le gros chiffre des importations en 1887.

« supposer, d'ailleurs, que les industriels français qui « n'avaient pas trafiqué dans ce pays, qui n'en con- « naissaient pas les besoins, aient pu immédiatement « faire des envois importants? La vérité est que « l'industrie française, confiante dans les bons effets « qu'elle attend de l'application du Tarif Général, « s'organise activement pour prendre sur le marché « colonial, la situation qui lui appartient... » (Ici la Chambre cite la grande société Flers-Exportation, organisée en vue de la nouvelle situation faite au commerce colonial)... « On connaît de vieille date la tactique des « Anglais, qui ne craignent pas de s'imposer un sa- « crifice momentané pour décourager la concurrence « française. Mais on ne peut voir en cela un fait « normal dont on puisse tirer des conséquences cer- « taines et définitives... »

« Le Tarif Général appliqué aux produits étran- « gers n'est qu'un tarif de compensation, et il ne sup- « primera pas absolument l'introduction des produits « étrangers, s'il la facilite à ceux de la mère patrie. « Or l'introduction de nos marchandises françai- « ses devant avoir pour corollaire un commerce « d'échange, il résultera de ce double fait que l'in- « digène, soustrait au monopole anglais ou allemand, « achètera les produits européens à meilleur marché, « grâce à la concurrence, et que cette concurrence « se produisant à l'achat des marchandises de retour, « l'avantage pour les Indo-Chinois devient évident. »

Avis des Chambres de commerce en Indo-Chine.

Les Indo-Chinois, eux, ne partageaient nullement cette opinion optimiste. Dans sa séance du 3 décembre

1888, *la Chambre de commerce de Haïphong*, tout en regrettant de ne pouvoir, faute de Statistiques Douanières suffisantes, étudier et apprécier les effets protecteurs du Tarif Général, se déclarait en mesure d'émettre une opinion sur ses effets fiscaux. Elle constatait « de fort grandes différences dans l'importation des produits non similaires, un ralentissement dans l'importation des produits, causé par des exagérations de tarif que rien ne justifie, » et délibérait :

« Considérant qu'il y a une grande diversité, que « rien ne justifie, dans les taxes dont sont frappés les « articles n'ayant pas de similaires en France tels que « les *joss-sticks* (bougies de culte), dont les droits « s'élèvent à 45 0/0 de la valeur, *le thé* à 14 0/0, le *pé-* « *trole* 14 0/0, etc... »

« La Chambre de commerce émet l'avis que, pour tous les articles, il y a lieu d'établir les droits sur la base de 5 0/0 *ad valorem.* »

Motion adoptée à l'unanimité. (Jeudi 20 décembre 1888.)

La Chambre de commerce de Saïgon, dans sa séance du 21 août 1888, mettait en lumière quelques autres faits intéressant la même question, tout en se prononçant énergiquement pour le retour aux taxes *ad valorem* à l'imitation de Rangoon, de Java, de la Birmanie, de Siam, de Singapore. Elle révélait que : « les marchandises d'Annam et du Tonkin envoyées à Saïgon, acquittent en partant 2 1/2/0/0, *ad valorem* et des droits de statistique, qui sont de 0, 03 cents par colis, ce qui fait sur les riz de Cochinchine 2 0/0 de droits.

Elle faisait remarquer que l'Indo-Chine est desservie par les Messageries Maritimes et la ligne Gellatly

d'Anvers à Hong Kong; mais que ces deux lignes ont des frets beaucoup plus élevés que la moyenne des cours pratiqués entre Londres, Liverpool, Manchester, les Détroits (presqu'île de Malacca ouest), et la Chine, par les flottes de vapeurs libres allemands, anglais, suédois qui font constamment la navette sur le grand chemin d'Extrême-Orient. La différence est telle, disait-on, « qu'on peut acheter à Singapore les coton-
« nades et beaucoup d'autres produits français et les
« amener en Indo-Chine française, malgré le fret com-
« plémentaire et les frais de transit, à meilleur mar-
« ché qu'ils ne reviennent directement d'Europe par
« nos lignes actuelles. »

Ainsi le Tarif Général de 1887 n'avait contenté absolument personne.

Actes du gouvernement du Protectorat.

Le Gouvernement Général qui l'avait critiqué se trouvait obligé, comme ses prédécesseurs, de l'aggraver encore par des taxes douanières purement fiscales, destinées à ajouter à ses ressources des suppléments indispensables.

Si, le 31 janvier, il exemptait des droits de 5 0/0 *ad valorem*, les huiles et savons fabriqués, dans une usine d'Haïphong, avec des produits français taxés à l'importation, et des produits indigènes, le 22 septembre, il soumettait les colis postaux de Hong-Kong pour l'Indo-Chine aux droits de douane payables par le destinataire.

Le 4 février, il ouvrait au commerce les Magasins Généraux de Haïphong.

Le 5 février, le ministère français refusait d'accorder que les marchandises étrangères qui avaient acquitté en Indo-Chine les droits de Douane en vigueur, et qui étaient ensuite réimportées en France, jouissent du bénéfice de la franchise réservée aux produits originaires de la colonie, « parce qu'en vertu de l'article 9 « du décret du 8 septembre 1887, les produits étran- « gers débarquant à Saïgon, Tourane, Haïphong et « dans d'autres ports, peuvent être admis au bénéfice « de l'entrepôt fictif et que l'administration locale est « autorisée à créer des entrepôts réels dans les loca- « lités où ils seront reconnus nécessaires. Ces mêmes « produits, introduits dans la colonie, peuvent donc, « à la faveur de cette disposition, ne supporter les « droits qu'à leur entrée en France. »

Le 15 février, le Gouverneur Général, pour indemniser la colonie des dépenses faites pour des phares au cap Padaran, aux îles Norway et Kega, imposait, en représentation des droits de phares, balisage, quai, police de rivière et rade, ancrage, une taxe de tonnage ainsi graduée et perçue par la Douane :

A l'abonnement.	0,60 par trimestre pour les navires français. 1 fr. par trimestre pour les navires étrangers
Au voyage. . . .	15 cent. pour les navires français. 30 cent. pour les navires étrangers.

Avec quelques exceptions :

Réduction de moitié pour les navires non abonnés arrivant sur lest et repartant chargés, et vice versâ.

Taxation des voiliers seulement tous les quatre mois.

Exemption pour les navires entrant et sortant sur lest, les navires de guerre, les navires nolisés par le

Protectorat ou la partie de leur jauge nolisée par le Protectorat.

Le 22 février, nouveau règlement sur les barques de mer ou de rivière appartenant à des Français, des étrangers ou des Annamites, plus minutieux encore que les précédents.

Comme complément nécessaire, le 28 février, la Société anonyme des Docks de Haïphong fut constituée en entrepôt réel de Douane, ou Magasins Généraux.

Les 15 et 20 mars, nouveau règlement fiscal sur les barques et jonques; le 14 avril, droit de stationnement dans le port de Tourane :

0 fr. 30	par mois pour	les barques	jaugeant	200 piculs et plus.
0 fr. 15	—	—	—	de 100 à 200 piculs.
0 fr. 05	—	—	—	au-dessous de 100 piculs.

Le 3 mai, intervenait un important règlement pour le transit.

A — Transit (3 *mai* 1889).

Le Transit institué par le décret du 8 septembre 1887 sera effectué sans plombage, sous la simple garantie d'un acquit-à-caution, après paiement intégral des droits d'importation, dont les 80 centièmes seront remboursés, à guichet ouvert, à l'intéressé, dès qu'il aura justifié de l'accomplissement des obligations contractées vis-à-vis de l'Administration des Douanes, par la représentation de la décharge en bonne et due forme, de l'acquit-à-caution par le Bureau de Douane de sortie.

Art. 2. — Les dits droits pourront être acquittés en traites de Douane.

Art. 3. — En cas de perte par naufrage ou en cas de force majeure *constaté*, les droits d'importation et de statistique seront intégralement remboursés, comme il est indiqué ci-dessus.

Art. 4. — Le transit ordinaire sur Hanoï et Nam-dinh pourra s'effectuer par le service subventionné des Correspondances fluviales, sous garantie d'un acquit-à-caution, sans plombage des colis ; les marchandises porteront des étiquettes très apparentes apposées par la Douane.

Art. 5. — Vérification des marchandises à Hanoï, à bord du ponton des Messageries fluviales.

Art. 6. — A Nam-dinh, les marchandises devront être présentées au bureau des Douanes par les intéressés.

Art. 7. — Le transit des marchandises prohibées ne pourra avoir lieu que sous plombage et avec acquit-à-caution.

Art. 8. — Le prix des plombs est, comme en France, de 0,50 chaque.

Art. 9. — Sont déclarés ouverts :

1° Au transit du décret, les bureaux de Haïphong, Hanoï et Lao-Kay ;

2° Au transit ordinaire et au transit des marchandises prohibées, tous les bureaux actuellement ouverts en Annam et au Tonkin, où qui le seraient postérieurement.

Art. 10. — Arrêté provisoirement exécutoire et immédiatement soumis à la ratification des ministres de la Marine et des Colonies et des Finances pour devenir ensuite décret.

Les 5 mai, on exemptait de la taxe de tonnage les chaloupes d'une jauge inférieure à 160 tonneaux, parce qu'elles payaient déjà les droits sur les barques.

Le 15 juin, le Gouverneur Général promulguait en Indo-Chine le décret présidentiel du 9 mai qui y modifiait le régime douanier. Nous en parlerons plus loin.

Le 24 juin, il revisait l'impôt de capitation sur les Asiatiques étrangers habitant l'Annam.

L'article 2 est à retenir : « Le gouvernement du Pro-
« tectorat, considérant les Chinois comme étrangers,
« au point de vue politique aussi bien qu'au point
« de vue administratif, se réserve le droit, en cas de
« trouble ou de coalition de la part de certains d'en-
« entre eux, de provoquer leur expulsion ou leur
« internement par mesure administrative. »

Il était bien inutile de tenir ce langage, d'autant qu'il n'apportait aucun droit nouveau, et tracassait un peu plus des auxiliaires commerciaux indispensables en Extrême-Orient.

Ils étaient répartis en trois catégories.

1° Les notables commerçants taxés à 40 piastres par an.

2° Les négociants moindres taxés à 12 piastres par an.

3° Les coolies, ouvriers, marchands ambulants, taxés à 3 piastres par an.

Fiscalité maladroite, impolitique dont les résultats ne vont pas tarder à apparaître.

Les mêmes nécessités inspirèrent la circulaire suivante :

B — Circulaire du Gouverneur Général aux Présidents des Chambres de commerce pour l'application des TARIFS DOUANIERS.

La question soulevée concerne les marchandises arrivées de France sans être accompagnées de *passavants*, et devant, aux termes des règlements des Douanes, être considérées, en l'absence de ces documents dont la production incombe au transporteur, intermédiaire légal des intéressés, comme *marchandises étrangères*.

Trois solutions sont autorisées, dans l'intérêt des redevables :

1° Payer les droits liquidés, sous condition formelle et expresse de remboursement à guichet ouvert par les Receveurs des Douanes contre production de passavants émanant des Douanes françaises ou de certificats sur timbre relevés par elles ;

Système suivi à Haïphong, sans aucune réclamation ;

2° Garantir le paiement éventuel des dits droits dans un délai de trois mois, par soumission spéciale signée avec deux cautions solidaires agréées par l'administration qui reste responsable de la perception des droits ;

3° Payer en une traite de Douane à quatre mois, à 3 0/0 l'an ; signée, avec deux cautions solvables, agréées par l'administration, responsables du paiement.

La question des taxes sera résolue avec le concours des Chambres de commerce.

Elles seront appelées à donner leur avis sur la détermination de la taxe à appliquer pour les marchandises taxées au poids net.

..... Le sous-directeur des Douanes devra grouper

en un même endroit des Magasins Généraux tous les services destinés à avoir rapport avec le public, et il devra faciliter les intérêts du commerce en réduisant au strict minimum les demandes à faire par les intéressés. »

Le tout, pour concilier à la fois les intérêts du Service des Douanes, des négociants et des Magasins Généraux.

C — Contrôle administratif sur les Magasins Généraux de Haïphong (*24 février* 1889).

Le Gouverneur Général, considérant que le Gouvernement du Protectorat s'est réservé le droit de racheter, dans l'intérêt public et pour les besoins du commerce de Haïphong, la concession accordée à MM. U. Pila et Cie par le contrat du 6 août 1886, en vue de la création de Magasins Généraux à Haïphong ;

Que le prix du rachat éventuel est basé sur les bénéfices des concessionnaires ;

Que partout l'Administration a le plus grand intérêt à exercer un contrôle suivi sur la gestion financière des concessionnaires ;

Que ce contrôle aura également pour effet de garantir les intéressés contre le paiement de taxes supérieures à celles prévues au contrat....

Article premier. — Il est institué un contrôle administratif des opérations de toute nature effectuées par MM. Ulysse Pila et Cie..... et créé auprès des concessionnaires à Haïphong un emploi de Commissaire de Surveillance Administrative.

Art. 2. — Le Commissaire devra coter et parapher les registres de comptabilité.

Art. 3. — Viser et contrôler mensuellement tous les documents de l'espèce.

Art. 4. — Il peut, comme représentant le gouvernement du Protectorat, demander communication de toutes pièces utiles ou nécessaires concernant leur exploitation et l'exécution de leurs contrats.

D — *Tarif de sortie.*

Le 6 juillet, le Tarif des droits de sortie fut revisé ainsi que les taxes spécifiques qui ne correspondaient plus au droit initial de 5 0/0 *ad valorem* dont étaient alors frappés tous les produits à leur sortie de l'empire d'Annam.

Les nouvelles taxes durent être désormais de :

Animaux vivants, par tête, de 20 fr., pour les chevaux, à 2 fr., pour les porcs, sauf 5 0/0 *ad valorem* pour des animaux vivants non dénommés, et 5 fr. par 100 kilos pour le gibier et les volailles.

Produits et dépouilles d'animaux, de 1 fr. les 100 kilos pour les os, noirs d'os et oreillons jusqu'à 100 fr. pour la soie grège ou redevidée, 500 fr. pour la deuxième qualité de nids d'hirondelle, 800 fr. pour la première, sauf 5 0/0 *ad valorem* pour les viandes fraîches ou salées, les plumes de toute espèce, et les autres produits et dépouilles d'animaux bruts et non dénommés.

Produits de pêche, de 1 fr. par 100 kilos pour le poisson frais, huîtres et coquillages frais, à 18 fr. pour les ailerons de requin blancs bruts et les biches de mer noires, 60 fr. pour les ailerons de requin préparés;

5 0/0 *ad valorem* sur les autres produits de pêche non dénommés.

Substances animales brutes, propres à la médecine ou à la parfumerie et non dénommées, par 100 kilos, 5 0/0 *ad valorem*;

Dents, cornes, écailles, par 100 kilos, de 1 fr. écailles d'huîtres, et coquillages propres à l'industrie, à 50 fr. dents d'éléphants entières, et 200 fr. dents d'éléphants entières ou brisées;

Farineux alimentaires, par 100 kilos, de 0,75 pour les riz et paddys, à 4 fr. pour le vermicelle; 5 0/0 *ad valorem* pour les autres produits alimentaires non dénommés.

Fruits et graines, par 100 kilos, de 1 fr. (arachides et pistaches), à 6 fr. noix d'areck fraîches, 12 fr. noix d'areck sèches; 5 0/0 *ad valorem* sur les fruits frais, et les fruits et graines oléagineux à distiller ou à ensemencer non dénommés.

Denrées coloniales de consommation, par 100 kilos, de 1 fr. mélasses, à 4 fr. tabac en feuilles, 6 fr. tabac préparé, 10 fr. confitures, fruits confits au sucre, au miel, à l'eau de vie, sirops, bonbons, biscuits sucrés, 10 fr. café, amomes et cardamomes, thé; 5 0/0 *ad valorem* pour les autres denrées coloniales non dénommées.

Huiles et sucs végétaux, par 100 kilos, de 3 fr. résines et autres produits résineux à 10 fr. et 35 fr. huiles à laquer, 66 fr. huiles d'anis. 5 0/0 *ad valorem* sur les huiles aromatisées.

Espèces médicinales, 5 0/0 *ad valorem*, sauf 7 fr. par 100 kilos sur l'anis étoilé ou brisé.

Bois à construire, bruts ou équarris, sciés, odorants, ouvrés, d'ébénisterie et de teinture, 5 0/0 *ad valorem*; 1 fr. par 100 kilos sur le charbon de bois.

Filaments, tiges et fruits à ouvrer, par 100 kilos, de 1 fr. 50 joncs, roseaux, écorces pour cordages, coques de coco, grains durs à tailler, à 7 fr. 50, coton cardé et en feuilles; 5 0/0 *ad valorem* sur les filaments végétaux non dénommés;

Teintures et tanins, 5 0/0 *ad valorem*, sauf 1 fr. par 100 kilos pour le cunao;

Légumes et déchets divers, par 100 kilos de 0,20 varechs, à 7 fr. champignons indigènes; 5 0/0 *ad valorem* sur les produits et déchets végétaux non dénommés;

Pierres, terres et combustibles minéraux, 5 0/0 *ad valorem*, sauf; pour les huiles, charbon de terre et autres combustibles minéraux, 3 0/0;

Métaux, par 100 kilos, 3 0/0 *ad valorem* sur le minerai de fer, 5 0/0 sur tous les autres métaux et minerais, bruts, en masse ou en saumons;

Produits chimiques de toute espèce, par 100 kilos, 5 0/0 *ad valorem*, sauf 0,20 sur le *sel marin*;

Teintures préparées, par 100 kilos, 2 fr. 50, indigo liquide, 12 fr. indigo sec, 5 0/0 *ad valorem* sur les teintures préparées;

Couleurs, 5 0/0 *ad valorem*, par 100 kilos.

Compositions diverses, de 0,60 amidon, à 8 fr. et 15 fr. colles de poisson; 5 0/0 *ad valorem*, sur la parfumerie, les médicaments composés, les fécules indigènes;

Boissons, 5 0/0 *ad valorem*;

Poteries, 1 fr. sur les poteries cuites non vernies, 1 fr. 50 sur les vernies, 5 0/0 *ad valorem* sur les carreaux et la céramique;

Verres et cristaux, 5 0/0 *ad valorem*.

Fils de toute sorte, 5 0/0 *ad valorem ;*

Tissus de toute espèce, vêtements confectionnés, 5 0/0 *ad valorem ;*

Papiers, livres, 6 fr., 4 fr. par 100 kilos; 5 0/0 *ad valorem,* sur les objets en papier non dénommés;

Peaux et pelleteries ouvrées, 5 0/0 *ad valorem ;*

Ouvrages en métaux, 5 0/0 *ad valorem ;*

Armes annamites, pétards, artifices, 5 0/0 *ad valorem;*

Meubles, 5 0/0 *ad valorem ;*

Ouvrages en bois non dénommés, 5 0/0 *ad valorem;*

Instruments de musique, 5 0/0 *ad valorem ;*

Ouvrages de sparterie, vannerie, corderie, depuis 0,50, bambous, à 5 fr. sur les filets de pêche; 5 0/0 sur les articles non dénommés.

Ouvrages en matières diverses, carrosserie, agrès, feutres, tabletteries, etc., etc. 5 0/0 *ad valorem.*

Ces droits devaient être réduits de moitié pour les marchandises exportées d'un port du Protectorat à un autre port du Protectorat. Elles n'étaient assujetties à d'autres taxes que celles de Statistique, sauf le cas où elles seraient placées sous un régime spécial.

Ces droits de Statistique, imposés sur les importations et les exportations, étaient fixés à :

0,10 par colis sur les marchandises en futailles, caisses, sacs, emballages.

0,10 par 100 kilos ou par mètre cube, en vrac.

0,10 par tête de bête vivante ou abattue des espèces chevaline, bovine, ovine, caprine et porcine.

Le 6 juillet, un arrêté rapportant celui du 12 juillet 1888, soumit au règlement et aux taxes douaniers les barques et jonques ayant leur port d'attache en Chine.

Le 6 août, par suite des mécomptes éprouvés, on abaissa la taxe annuelle sur les barques et jonques de mer à 0,25 par picul, quelle que fût leur forme.

Pourtant le 3 septembre, les Minh-Huong furent exemptés de la capitation asiatique, comme sujets annamites.

Mais le 4 septembre, l'administration publia un règlement draconien sur la vente de l'opium en Annam, dont elle avait obtenu le monopole à partir du 11 octobre 1889.

Ce fut complété le 11 novembre.

Le 18 novembre, des droits d'exportation furent imposés aux riz et paddys du Tonkin;

0,15 par picul de 60 kilos 400.

Ils étaient détaxés quand ils partaient pour la France, une colonie française ou un autre pays de l'Indo-Chine, mais, pour toute autre destination, payaient un droit de Statistique.

Cette dernière partie de l'arrêté ne pouvait que créer un courant commercial entre le Tonkin et la Cochinchine et donnait satisfaction aux plaintes, mentionnées plus haut, de la chambre de commerce de Saïgon.

Le 21 novembre, une autre mesure excellente, dispensa de tous droits de sortie, quand ils seraient à destination de la métropole, tous les produits agricoles. le riz excepté, provenant soit de plantations exploitées par des Français ou des naturalisés, soit de monopoles concédés par l'administration, sans que, dans ce dernier cas, il fût tenu compte de la nationalité du concessionnaire.

Le 22 novembre, le Gouvernement Général ouvrit au commerce et à la Douane, les ports de Nha-trang, Phanrang, Phan-tiet et autorisa le cabotage, après acquittement des droits et formalités de Douane, entre eux et les ports de Quan-Ngai, Tan-quan, Thuan-an, Quan-khe, Than-hoa, et autres gardés par la Douane, et les chargements, après paiement des droitsd'exportation. Il permit également d'aller de ces ports charger du sel, sur un point non gardé par la Douane, à la condition d'emmener avec soi un préposé pour surveiller l'opération et de payer les droits au bureau voisin.

Le 27 novembre un arrêté prescrivit :

Les tissus de soie purs ou mélangés, les tissus de coton purs ou mélangés, embarqués de France pour l'Indo-Chine postérieurement au 30 novembre courant, ne seront admis en franchise de droits de Douane que s'ils sont accompagnés de certificats de fabrication française, légalisés par les maires.

Le même jour, fut réglé le transit de l'opium en Annam et au Tonkin.

E — Transit de l'opium (27 *novembre* 1889).

Le transit de l'opium brut ou préparé, des écorces d'opium, de la Régie de Cochinchine, quelle que soit la quantité introduite, pourra être effectué à travers le Tonkin pour l'approvisionnement des entrepôts de Than-hoa, Vinh, Ha-tinh (selon les articles 9 et seq. chap. III de l'arrêté du 7 septembre 1887).

Même régime pour l'opium envoyé de la Cochinchine.

Art. 2. — L'opium du Yunnan, acheté par la Régie de la Cochinchine, sera transité de la frontière terrestre à Haïphong, après constatation des quantités et mis sous scellés, en présence d'un agent de la Ferme, par la Douane et sous sa responsabilité. Un agent de la Ferme d'opium constatera la sortie à Haïphong, pour l'apurement du permis de transit.

Art. 3.— Le mot Annam est supprimé à l'article 35 de l'arrêté du 7 septembre 1887.

Le 21 décembre, la franchise télégraphique fut accordée aux consuls de Lang-tcheou et de Mongtze. L'importance de ce fait est évidente.

Le 26 décembre, une excellente mesure intervint pour terminer l'année.

Les produits du Yunnan et du Quang-si, sauf l'opium, dont l'importation resta soumise aux conditions du monopole au Tonkin, furent exempts des droits d'importation à leur entrée par la frontière terrestre au Tonkin.

Les mêmes produits, ainsi que l'opium brut, furent exempts des droits de transit, en se conformant, pour l'opium, aux prescriptions du chapitre III de l'arrêté du 7 septembre 1887.

Mais, entre temps, comme nous l'avons dit plus haut, le Tarif Général avait subi une importante modification.

Modification des tarifs de 1887.

Le gouvernement français, frappé des mécomptes révélés par le dernier exercice, et ému par les réclamations unanimes de l'Indo-Chine, s'était décidé à revenir sur une mesure hâtive et imprudente comme tout ce que suggère l'esprit systématique.

Le rapport suivant avait été adressé au Président de la République par M. Tirard, président du Conseil:

A — Rapport de M. Tirard,

« L'application du Tarif Général des Douanes en « Cochinchine, au Tonkin, en Annam, au Cambodge, « a soulevé de nombreuses protestations.

« Une commission a été nommée pour étudier les « modifications qu'il pourrait y avoir lieu d'appor- « ter au régime douanier actuellement en vigueur.

« *Cette commission a écarté, de prime abord, toutes « les réclamations qui tendaient à remettre en ques- « tion les dispositions par lesquelles les Chambres ont « voulu ouvrir à nos industries en Indo-Chine*, un *mar- « ché priviligié*, et elle a décidé que le tarif général « métropolitain ne devait souffrir d'autres exceptions « que celles que le législateur a implicitement auto- « risées.

« Elle a recherché, dans cet ordre d'idées, si le tarif « spécial annexé au décret du 8 septembre 1887 ne « renferme pas un certain nombre de taxes *purement « fiscales, inutiles pour la protection de notre industrie*, « et qui, *s'appliquant à des objets d'un usage très ré- « pandu, imposent à la population indigène des char- « ges qu'il serait préférable de lui épargner*; puis elle « a passé en revue les diverses propositions d'exemp- « tion qui lui étaient soumises en faveur des produits « n'ayant pas de similaires en France.

« Elle s'est préoccupée, en procédant à cet examen, « non seulement du point de vue fiscal, mais encore « des intérêts agricoles et commerciaux des pays de « l'Union, et c'est ainsi qu'elle a dû, dans un but de « protection, maintenir les droits sur quelques articles

« que la métropole ne peut, il est vrai, fournir à l'Indo-
« Chine, mais que la Cochinchine, le Cambodge et l'An-
« nam produisent déjà ou pourront produire plus tard.

« D'autre part, elle a été appelée à se prononcer
« sur les modifications qui étaient demandées, tant
par l'administration de l'Indo-Chine que par les
« représentants de l'industrie française, dans le but
« de permettre à certains produits nationaux de sou-
« tenir la concurrence étrangère sur les marchés de
« l'Union, et elle a accueilli quelques-unes des pro-
« positions qui étaient faites dans ce sens. »

B — Décret présidentiel

Le Président de la République décréta en réponse :

Article premier. — Le tableau annexé au décret du 8 septembre 1887 et fixant les droits spéciaux applicables aux marchandises importées dans la Cochinchine, le Cambodge, l'Annam et le Tonkin, *et non soumises au Tarif Général*, est remplacé par le tableau annexé au présent décret.

Art. 2. — Les produits étrangers qui auront été admis à un régime de faveur, à leur entrée en Algérie, seront assujettis, à leur entrée, en Indo-Chine, au paiement des droits inscrits au Tarif Douanier de l'Indo-Chine, déduction faite des droits perçus en Algérie.

C — Texte des nouveaux tarifs.

Animaux vivants. — Exempts des droits d'exportation.

Produits et dépouilles d'animaux. — Exempts, sauf les jambons asiatiques, imposés de 14 francs les 100 kilos.

Produits de pêche. — Exempts, sauf 2 fr. 15 par 100 kilos imposés sur les poissons salés et 6 francs sur les poissons secs.

Substances animales brutes, propres à la médecine ou à la parfumerie. — Taxées à 30 francs (les cantharides), 1.200 francs (le musc).

Farineux alimentaires. — Exempts.

Fruits et graines. — Taxés de 5 pour 0/0 *ad valorem* (fruits frais), à 4 francs (lungan) et 12 francs (noix d'arek sèches), etc.

Denrées coloniales. — Graduellement imposées de 1 fr. 85 (agar-agar) à 800 francs (tabacs, cigares, cigarettes de la Havane). Mais le sucre était prohibé; les résidus de thé, les amomes, cardamomes, girofles, muscades, macis, exempts.

Huiles et sucs végétaux. — Taxés depuis 12 francs (gomme gutte) jusqu'à 720 francs (huile de gomme benjoin, gomme sang de dragon), 916 fr. 66 (opium du Yunnan brut), 1.300 francs (opium de Benarès brut), 1.833 fr. 33 (opium du Yunnan bouilli ou préparé sans mélange), 2.600 francs (opium de Benarès bouilli ou préparé, opium du Yunnan bouilli ou préparé avec mélange de Benarès). Le camphre en paillettes et les baumes étaient exempts.

Espèces médicinales. — Taxées de 1 fr. 20 (galanga) à 420 francs (ginseng de Corée et du Japon, 2e qualité) 600 francs (ginseng de Corée et du Japon 1re qualité.) Le ginseng chinois était imposé à 5 pour 0/0 *ad valorem*.

Bois. — Les seules racines de putchuk étaient assujetties à 7 fr. 20 les 100 kilos.

Filaments, tiges et fruits à ouvrer. — Exempts, sauf 4 fr. 25 sur le chanvre.

Teintures et tanins. — De 2 francs (gambier brut), à 0,35 écorce de manglier, et 25 francs (gambier préparé).

Produits et déchets divers. — Exempts, sauf 4 fr. 80 sur l'ail.

Pierres, terres et combustibles minéraux. — De 0,08 (plâtre) à 5 francs (huiles minérales), 10 francs (ciments, soufres, sublimé, et autres).

Métaux. — De 3 fr. 60 (plomb en lingots, zinc en saumons) à 6 francs (minerais de cuivre).

Produits chimiques. — De 1 fr. 66 (sel marin) à 10 francs (salpêtre).

Teintures préparées. — De 2 fr. 50 (indigo liquide, à 60 francs (cochenille).

Couleurs. — Exemptes, sauf la peinture verte (produit chinois) taxée à 5 fr. 50.

Compositions diverses. — Taxées très inégalement : 1.700 francs (bézoard) 6 francs (colle-forte), avec 10 pour 0/0 *ad valorem* sur les médicaments non inscrits dans la pharmacopée, et exemption pour la colle de poisson, les sauces asiatiques et autres préparations culinaires.

Boissons. — De 12 fr. (bière), à 20 fr. (vins), 50 fr. (alcools) et 5 0/0 *ad valorem* sur les eaux minérales.

Verres et cristaux. — 0,25 par 100 kilos.

Fils. — De 300 fr. fils de coton ou autres garnis d'or ou d'argent hors titre ou faux, à 2.500 fr. fils de coton ou autres garnis d'or et d'argent de 1er titre.

Tissus. — De 30 francs (couvertures chinoises), à 10 pour 0/0 *ad valorem* sur les tissus, foulards, crêpes, tulle, bonneterie, passementerie, et dentelles de soie d'origine chinoise;

20 pour 0/0 *ad valorem* sur les mêmes articles, mais d'autre origine;

800 francs par 100 kilos sur les broderies, à la main ou à la mécanique, de soie sur tissus de soie.

Puis, sur les tissus de coton pur, unis, croisés et coutils, présentant en chaîne et en trame, dans l'espace de 5 millimètres carrés, ceux pesant :

Ecrus (art. 364) 11 kilos et plus les 100 mètres carrés, 30 fils au moins, 80 francs;

Ecrus (art. 364) de 7 kilos inclus à 11 kilos exclus les 100 mètres carrés, 30 fils au moins, 110 francs;

Blanchis, (art. 365) 11 kilos et plus les 100 mètres carrés 30 fils au moins, 92 francs.

Blanchis, (art. 365) de 7 kilos inclus à 11 kilos exclus les 100 mètres carrés, 35 fils au moins : 126 fr. 50.

Papier et ses applications. — Exempt, sauf le papier chinois de toute nature taxé à 8 fr.60, les cartes à jouer asiatiques et autres assujetties à 100 francs.

Peaux et pelleteries ouvrées, 18 francs.

Ouvrages en métaux. — 5 pour 0/0 *ad valorem* (ciseaux chinois) 32 fr. 50 la paire (montres émaillées et à perles) 200 francs, instruments d'optique.

Armes, poudres, munitions. — 10 pour 0/0 *ad valorem.*

Ouvrages en bois. — 5 pour 0/0 *ad valorem* sur les articles en bambous et racines. Sabots chinois, exempts.

Instruments de musique. — Exempts.

Ouvrages de sparterie, vannerie, corderie. — Exempts, sauf 5 0/0 *ad valorem* sur les articles en rotin, et

2 fr. 40 par 40 mètres sur les nattes en paille ou en jonc;

OUVRAGES EN MATIÈRES DIVERSES.

Peintures à l'huile chinoises, le cent. . . . . fr.	1 20
Bottes et souliers chinois en peau et satin, les 100 paires.	21 »
Allumettes chimiques en bois, les 100 kilos.	12 »
— autres, —	20 »
Eventails en plumes, les 100 kilos.	5 40
— feuilles de palmier, les 100 kilos.	2 60
Boutons en cuivre pour vêtements chinois, la grosse. . .	0 50
Boutons chinois, les 100 kilos.	36 »
Curiosités, *ad valorem*.	5 0/0
Fleurs artificielles, les 100 kilos.	100 »
Pinceaux chinois à écrire, les 100 kilos.	exempts.

Le 15 juin, le Gouverneur général promulgua ce décret et le tableau y annexé, qui, immédiatement, entrèrent en vigueur.

Le Rapport officiel sur les Statistiques des Douanes pour 1888 se terminait par des considérations générales, où nous lisons :

« Nous demandions, l'année dernière, que le Tarif « Douanier de l'Indo-Chine fût revisé dans le sens de « la suppression ou de la réduction des taxes purement fiscales qui frappaient les produits étrangers « n'ayant et ne pouvant avoir aucun similaire en « France ou dans les colonies françaises. Le décret du 9 mai 1889 a donné satisfaction à ce vœu dans « la mesure du possible. De nombreux produits d'origine chinoise, nécessaires aux populations indigènes « de l'Indo-Chine, ont été exemptés de tous droits; « d'autres ont été largement dégrevés. Cette mesure « bienveillante fera perdre annuellement aux Douanes « de l'Indo-Chine environ un million de francs, mais

« elle sera accueillie avec reconnaissance par les « Annamites et les Chinois qui peuplent nos posses- « sions Indo-Chinoises.

« Dans ce même rapport, nous émettions l'avis que, « pour certaines marchandises que peut nous fournir « l'industrie française, les droits inscrits au Tarif « Général étaient insuffisants pour lui permettre, en « Indo-Chine, de lutter avec chances de succès contre « l'importation étrangère. Le décret du 9 mai a tenu « compte, dans une certaine mesure, des plaintes des « fabricants français.

« Les droits ont été élevés sur les tissus de coton « écrus et blanchis de qualités communes, sur les vins, « les bières, les huiles d'olive, les tabacs et les cigares. « Les taxes qui frappent aujourd'hui ces divers pro- « duits sont réellement protectrices et contribueront « à donner un large développement à l'importation « française en Indo-Chine. »

Ajoutons que le nouveau Tarif, connu et escompté dès le commencement de mai, avait été promulgué et appliqué à partir du 15 juin, c'est-à-dire un peu avant que la moitié de l'exercice 1889 fût atteinte, et au moment où les transactions sont le plus actives en Indo-Chine, comme le prouvent les Statistiques Douanières.

Voyons quels furent les résultats :

Tableau du commerce extérieur en 1889.

Le *Journal officiel* de l'Indo-Chine française nous les fournit dans son numéro du 24 mars 1890.

La piastre doit être calculée au taux de 4 francs. Les chiffres romains désignent les différents articles du Tarif Général dont l'ordre a été jusqu'ici exactement suivi.

TONKIN.

I. — Il a été importé de Chine 2.076 moutons, exempts de droits en vertu du décret du 9 mai 1889.

II. — Il a été importé de France 23.680 piastres de viandes conservées; 14.251 de lait concentré; 13.402 de fromage; 17.170 de beurre salé.

L'étranger a importé 12.238 fr. de saindoux, exempt de droits, etc.

VI. — La Métropole n'a importé presque que des pâtes alimentaires ; pour 13.215 piastres sur 16.242.

L'étranger a fourni 12.250 piastres en vermicelle; 15.838 piastres en pommes de terre.

A remarquer que les farines importées au Tonkin et représentant une valeur de 354.159 piastres ont été classées aux importations étrangères parce qu'elles avaient été fabriquées avec des blés russes admis en France sous le bénéfice de l'admission temporaire.

VII. — La France a importé 4.452 piastres de fruits frais de toute espèce ; l'étranger 3.000 piastres, dont 1.500 pour la Chine seule.

VIII. — Nous avons vendu 55.420 piastres de sucre, grâce à la prohibition du sucre étranger; la galette chinoise, ou sucre noir, figure pour 8.073 piastres. Nous ne pouvons lui faire aucune concurrence.

A signaler un trafic de 36.000 piastres de confiseries françaises, tandis que l'étranger n'a fait pour ainsi dire aucune transaction sur ces articles.

Par contre, tandis que nos colonies vendaient pour 657 p. de café, l'étranger en débitait 45.103; il vendait 90.000 p. de thé, 87.000 p. de tabacs dont 80.000 de Chine, contre nous 28.814.

Nous expédiions pour 26.967 p. d'huile comestibles, l'étranger pour 30.000 p. d'huile à graisser les machines.

L'opium figure pour 204.802 p. seulement, à cause du monopole de la Société fermière et des achats de produits indiens qu'elle effectuait à Hong-Kong. Elle négligeait un excellent instrument d'échanges avec le Yunnan, et ces pratiques nuisaient beaucoup au commerce par terre entre le Tonkin et son voisin.

XI. — Les seuls bois importés venaient d'Amérique. 4.072 p. en sapins. Le pays se suffisait à lui-même ou à peu près.

XII. — 2.412 p. de chanvre; 8.014 p. de jute destinés à l'industrie locale ou à la réexportation.

XIII. — 3.168 p. d'écorces tinctoriales achetées au Yunnan et employées dans les teintureries du pays.

XIV. — 15.552 p. de légumes conservés français; contre 10.361 p. d'étrangers et 23.389 p. de légumes verts importés de Hong-Kong.

XV. — Bien petite vente de 6.868 fr. de ciments et huiles de pétrole raffinées, contre 108.710 p. de pétrole, et 69.368 p. de charbon importé de l'étranger. Le ciment français seul avait fait bonne figure.

XVI. — L'étranger ne l'a emporté que grâce à la ferraille dont il a vendu pour 22.000 p. Les Anglais ont vendu tout le fer blanc. Mais, par contre, l'acier français est resté maître de la place.

XVII. — Le minium français (oxyde de plomb) aurait dû, grâce au droit protecteur de 2 fr. par 100 kilos, supplanter l'étranger. Néanmoins, il n'en a été acheté que pour 781 piastres contre 1.627 de provenance étrangère.

XVIII. — Peu de transactions sur les teintures, en raison de la prédilection des Annamites pour les bains végétaux dont ils ont d'abondants éléments.

XIX. — Plus de couleurs étrangères vendues que de françaises, sauf 1.126 p. contre 865 (vernis).

XX. — Compositions diverses a peu près également achetées à l'étranger et en France, sauf 411.139 p. de médecines asiatiques, et 12.719 p. de joss-sticks ou bougies de culte, que la France ne peut fournir.

Concurrence ardente sur des produits que la France fabrique pourtant avec supériorité.

	de France.	de l'étranger.
	—	—
Parfumerie	9.343 p.	317
Savons de parfumerie.	2.460	2.175
Savons ordinaires	5.821	782
Epices.	121	24.589
Bougies. . . . , ...	17.201	15.363
Cirage.	432	4.571

XXI. — La bière française l'a emporté, grâce à sa qualité supérieure et au droit de 12 fr. par hectolitre. Les vins et vermouth ont primé ceux d'Italie (8.000 p.) avec un total de 700.000 piastres.

XXII. — Nos poteries n'ont été achetées que par nos compatriotes. L'étranger fabrique bien, vend bien meilleur marché; aussi son chiffre d'affaires a-t-il atteint 58.851 piastres.

XXIII. — La différence sur la vente des glaces, de la gobletterie, est venue de la supériorité d'emballage des produits étrangers, moins sujets à la casse.

C'est le chapitre XXIX qui doit surtout attirer notre attention.

Il comprend les transactions sur les filés de coton, consommés en énorme quantité par les Annamites et susceptibles, par suite, d'ouvrir un très large débouché à l'une de nos plus grandes industries.

L'importation s'est élevée à 1.277.619 piastres ou 5.110.476 fr. pour les denrées étrangères et 59.171 piastres ou 236.684 fr. pour les produits français, soit, pour nous, à peine 4 0/0 de la consommation totale.

Les filés le plus couramment vendus sont ceux que le commerce appelle les n° 20 et que le Tarif Général décrit : « Fils de coton pur, écrus et mesurant au demi-kilogr, 2.050 mètres au moins. » Il les frappait d'un droit de 18 fr. 50 par 100 kilos. Cependant il en est entré au Tonkin pour 1.015.811 piastres venant de l'étranger (4.063.244 fr.), contre 20.920 provenant de France (83.680 fr.).

Les filés mesurant plus de 30.500 mètres au demi-kilog, et taxés à 37 fr. les 100 kilos, ont été, malgré cela, introduits à raison de 219,344 piastres (877.376 fr.) de l'étranger, contre 9.276 (37.104 fr.) de France.

Ceux qui mesurent plus de 40.500 mètres au demi-kilo, et qui sont astreints à 50 fr. par 100 kilos sont entrés pour 36.836 p. (147.344 fr.) venant de l'étranger, contre 27.836 (113.344 fr.) venant de France.

Les fils en pelotes pour tailleurs figurent pour 5.159 p. (20.636 fr., étranger), et 1.140 p. (4.560 fr. France.)

Donc malgré les droits protecteurs considérables imposés par le tarif général, nous restions dans une infériorité absolue sur tous les points.

Des plaintes ne pouvaient manquer d'être formulées.

Plaintes de la Chambre de Commerce de Rouen.

Dès le 13 octobre 1887, le président de la chambre de commerce de Rouen écrivait à M. le Sous-Secrétaire d'État des Colonies une lettre où il indiquait la difficulté pour notre trafic de se développer dans celle de l'Indo-Chine, que les tarifs et décret du 8 septembre auraient voulu lui réserver.

... « La circulaire du 27 septembre 1887, disait-il, « vient précisément annuler ce résultat en étendant « la franchise des droits du tarif général aux produits « étrangers nationalisés en France par le paiement « des droits conventionnels. Pour qu'une pareille dis- « position ait été prise, « *en vue*, dit la circulaire, *de* « *donner satisfaction au commerce de la « Métro-* « *pole* », il faut évidemment supposer que le com- « merce de la Métropole trouvera plus d'avantage, en « ce qui concerne, par exemple, le coton, à envoyer « en Indo-Chine de l'étoffe anglaise nationalisée que « des produits de l'industrie cotonnière française.

« C'est là méconnaître absolument l'intention du « législateur.....et revenir sur le régime douanier..... « en lui substituant le tarif simplement conventionnel.

« Le commerçant qui profite de l'insuffisance de ce « dernier tarif pour acheter en Angleterre, au lieu de « l'acheter en France, la marchandise qu'il expédie « en Indo-Chine, soustrait cette marchandise au tarif « général et fait tort à la fois au Trésor et à notre « industrie.... Nous demandons.... de ne dispenser de « l'application du tarif général que les marchandises

« portant une déclaration du producteur français « dûment légalisée.

« Nous venons, en conséquence, Monsieur le Sous-Se- « crétaire d'État, protester contre l'extension de la « franchise aux marchandises étrangères, à destina- « tion de l'Indo-Chine, naturalisées par l'acquittement « des droits conventionnels, et vous prier de vouloir « bien faire mettre, au contraire, à l'étude, toute « mesure susceptible d'assurer efficacement le respect « du tarif douanier dont l'industoie française a si « péniblement obtenu la promulgation. »

Dans une nouvelle lettre du 28 octobre, le président de la Chambre de commerce, répondant à un argument ministériel tiré d'un vote antérieur du Conseil d'État, disait qu'en France les moyens de douane sont bien suffisants pour vérifier un certificat d'origine, opération qui ne se ferait que dans un ou deux ports, et seulement pour les exportations en Indo-Chine. Il ajoutait : « Enfin, en admettant les fraudes « toujours possibles, autre chose est de se réserver, « vis-à-vis d'elles, le droit de répression, ou d'y renon- « cer pour une difficulté de douane et d'abandonner « ainsi la première occasion qui se présente de rele- « ver l'industrie du pays.

« Quant au Conseil d'État, la francisation qu'il in- « voque n'est pas un principe qui puisse tenir devant « cet autre principe, fondé en droit et en raison, qui « veut que le marché d'un pays conquis par le sang « et l'or de la France soit réservé à ses nationaux....

... « Le législateur, dans le but de réserver le mar- « ché de l'Indo-Chine *à l'industrie nationale et aux « nombreux ouvriers qu'elle fait vivre*, impose une « taxe à un produit étranger expédié à cette destina-

« tion ; le commerce, qui n'a pas charge d'âmes, se « procure ce produit en Angleterre, même en payant « le tarif conventionnel à plus bas prix qu'en France, « et renverse ainsi toute l'économie de la loi, à son « profit, et au détriment de l'ouvrier et du produc- « teur français. »

En conséquence, la Chambre de commerce persistait à demander qu'on rendît obligatoire la déclaration du producteur français dûment légalisée.

Un peu plus loin, le président mentionnait une réunion des principaux industriels de la région, avec objet de centraliser les efforts déjà tentés pour profiter du nouveau régime douanier de l'Indo-Chine et pour organiser l'expédition de nos produits que le commerce anglais avait lui-même un moment recherchés ; mais il ajoutait : « Il a été très vite reconnu que depuis l'apparition de la circulaire du 26 septembre, ces démarches avaient cessé. »

Observations du Service des Douanes.

D'autre part, le Rapport officiel sur les Statistiques des Douanes, pour 1888, donnait des renseignements concordants et appuyait les vœux énumérés plus haut.

...« Des cotonnades écrues, communes, suisses ou « allemandes, chargées à Anvers à destination de « l'Indo-Chine, peuvent acquitter, à l'escale du Havre, « les droits du tarif conventionnel et entrer en Indo- « Chine comme marchandises françaises. Elles paie- « raient en Indo-Chine 80 fr. les 100 kilos, elles « ne paient au Havre que 50 fr. La protection « que la France a voulu donner en Indo-Chine à la

« production nationale est ainsi facilement éludée. »

A tous ces raisonnements, il était facile de répondre, et la Chambre de Rouen elle-même l'avait fait involontairement en constatant des démarches faites par des acheteurs anglais importateurs en Indo-Chine. Une des causes les plus sérieuses de notre infériorité était indiquée par elle : la mauvaise organisation de nos services maritimes. Point traité complètement par la Chambre de Commerce de Saïgon.

Mais, il y en avait d'autres, d'une influence plus immédiate, indiquées par le *Journal officiel* de l'Indo-Chine du 24 mars, dont nous reproduisons en émondant seulement quelques longueurs, les remarques relatives aux filés et aux tissus.

Tarifs sur les fils et tissus français.

Les fils français ont été introduits au Tonkin par la maison Denis frères, de Bordeaux. On peut considérer comme stériles les efforts tentés par cette maison, *si un supplément de protection n'est pas accordé.* Il convient de dire que *l'insuccès relatif* n'est pas entièrement dû à *l'insuffisance de protection* : le DÉFAUT DE SIMILITUDE dans la confection du produit y entre pour une bonne part.

Les indigènes sont habitués depuis fort longtemps aux espèces fabriquées à Bombay, et ne veulent pas les changer sans y trouver un avantage évident. Il s'agit donc de faire *de la contrefaçon légale.* Il faut absolument que le consommateur puisse trouver dans nos filés les mêmes qualités et les mêmes apparences que dans ceux de Bombay, le même nombre de paquets par balles, le même nombre d'écheveaux par paquets, le même nombre d'échevettes par écheveaux, le même poids, le même chaînage, le même emballage. Le produit ne doit différer que par la marque de fabrique laquelle ne présente aucun intérêt pour les Asiatiques. (Ni pour les Africains, pourrions-nous ajouter.) Les Allemands savent tout cela depuis longtemps et en profitent largement).

*Si ces conditions étaient remplies, il est très probable qu'*AVEC UNE LÉGÈRE AUGMENTATION DES DROITS PROTECTEURS, *nos fils pourraient prendre possession du marché.*

En effet, voici quelques chiffres tout à fait concluants :

Les filés de Bombay, n° 20, coûtaient :

Marque Gordon :
dessin Jockey, 79 piastres 80 la balle de 180 kil. ou 400 livres ang.
Marque City of Bombay :
Dessin Paon. . . . 78 p. 50 — —
Marque Queen :
Dessin 2 chimères. 80 p. 35 — —
Frais de transport et divers de Hong Kong à Haïphong. . . . . 1 fr. 50 par balle.
Droits de douane. . . . . 8 piastres 33

Ces filés revenaient donc, à Haïphong, à 89 p. 63; 88 p. 33 et 90 p. 18.

Les qualités similaires de fabrication française revenaient à Haïphong à :

Marque Palmer.	n° 1 =	95 p. 50
—	n° 2 =	93 piastres.
—	n° 3 =	90 p. 50.

Écart assez faible surtout entre les nos 3 Palmer et la marque Queen à 2 chimères. Mais cela avait suffi pour assurer la vente à nos rivaux.

De plus, la qualité de nos produits n'était pas constante ; tel filé vendu 93 piastres était un peu meilleur que celui qui coûtait 95 p. 50. L'acheteur était aussitôt mis en défiance.

Pour les filés n° 40 que Bombay ne fournissait pas, nous avions l'avantage du prix. Les étrangers les payaient 117 piastres la balle et, avec le fret et les droits de douanes, 135 piastres 50, rendus sur le marché d'Haïphong. Les nôtres revenaient à 126 piastres 50, soit une marge de 8 piastres en faveur de nos produits.

Mais la force de la routine est telle chez les indigènes que, habitués à voir aux filés français n° 40, un chaînage rouge, quand, en septembre 1888, ils les reçurent avec un chaînage bleu, ils cessèrent de les acheter, et les intermédiaires asiatiques retournèrent la marchandise à leurs expéditeurs, sans autre motif que ce changement de couleur du chaînage.

Ce fait indique clairement à nos fabricants les procédés qu'ils doivent employer.

Tisssus. — L'importation des tissus étrangers avait été encore de beaucoup supérieure à la nôtre :

	356.570 piastres	= 1.426.280 fr.
contre	915.142 —	= 3.805.680

Soit la proportion de 1 contre 4 à peu près.

Mais c'était surtout pour les qualités inférieures que nous étions dépassés. L'étranger vendait 30.458 piastres contre nous 19.628 de tissus de coton écrus pesant 18 kil. et plus les 100 mètres carrés, imposés de 62 fr. par 100 kilos, en 1887 et de 80 fr. en 1889;

54.966 piastres contre nous 11.070 de tissus de coton blanchis pesant 11 kilos et plus les cent mètres carrés, et imposés de 71 fr. 30 en 1887 et de 92 fr. par 100 kilos en 1889 ;

38.949 piastres, contre nous 2.892, de tissus de coton teints ;

16.850 piastres contre nous 8.255, d'étoffes de drap ;

2.569 piastres contre nous 12.736 de couvertures ;

71.466 piastres, contre nous *néant*, de tissus de soie ;

19.442 piastres de vêtements confectionnés, contre nous 16.635.

Nos concurrents vendaient encore 73.923 piastres de plus que nous en tissus grossiers de jute dits *gunnies*, destinés surtout à emballer les riz et paddys.

Le *Journal officiel* fournit heureusement la contre-partie de ce tableau peu encourageant en ajoutant que « les tissus français commençaient à tenir une large place dans le marché indo-chinois. » Les industriels français. après de nombreux et inévitables tâtonnements, commençaient déjà à réussir dans la fabrication des tissus dont la vente est achalandée dans le pays. Quelques-uns étaient absolument semblables aux tissus étrangers qui jusqu'à ce moment avaient été seuls admis par les indigènes.

Les calicots blancs, notamment, étaient surprenants d'imitation, et la comparaison des prix augmentait leur force de concurrence.

En voici un aperçu :

Produits anglais. Marque rouge. Jardine Matheson. 40 yards.

La caisse de 50 coupes à Hong-Kong coûtait	130	piastres	36.
Les frais de transport à Haïphong	=	1	—	50.
Les droits de douane à 92 p. par 100 kilos	=	45	—	08.
Total		176	piastres	94

ce qui mettait à 3 piastres 54 la coupe.

La caisse française valait, à Haïphong, 169 piastres, soit 3 piastres 38 la coupe.

La différence était bien faible, mais suffisante cependant pour assurer notre prépondérance ; et nos industriels annonçaient qu'ils pourraient encore abaisser leur prix, tandis que les étrangers avaient atteint le maximum des réductions possibles.

Les imitations françaises des coutils et calicots *Jardine Matheson* marque *Pelican* se vendaient 2 piastres 18 la pièce, tandis que leurs similaires étrangers « *à tête de daim* » ne pouvaient être vendus audessous de 2 piastres 30.

Pour nos Andrinoples, les indigènes les avaient refusées d'abord, parce que leur teinte était un peu plus sombre que celle des tissus en vogue. Nos industriels y avaient remédié, et le résultat avait été des plus encourageants :

Le produit français *marque Mandarin*, coûtait, 1 piastre 59, la coupe ;

L'Andrinople de Singapour, marque Chinois jouant de la flûte, coûtait 1 p. 68 et 1 p. 70.

En déduisant les droits de douane : 31 cents 3/4, de 1 p. 70 nous avons 1 piastre 38 cents 3/4, prix de la coupe d'Andrinople à Singapour tous frais, fret et bénéfice du fabricant compris.

L'Andrinople français marque Mandarin, coûtait, la coupe 1 p. 78;

L'Andrinople Singapour, marque Austin, coûtait 2 p. 10 et défalcation faite des droits de douane, 36 cents par coupe, nous trouvons 1 p. 73 prise à Singapour, fret, frais, et bénéfices compris.

Et l'étranger n'avait pu supporter notre concurrence, même dans ces conditions pour lui avantageuses, qu'à cause des stocks qu il avait constitués en prévision des droits de Douane. Une fois ces stocks épuisés, les produits français devaient nécessairement rester les maîtres du marché, pourvu que la même méthode continuât d'être appliquée.

Aucune de ces observations ne pouvant être appliquée au commerce d'exportation, il a paru préférable de les présenter de suite, après ce qui les a suggérées, et de leur subordonner les sorties, transit et cabotage, qui n'auraient pu qu'embrouiller les idées s'ils avaient été analysés à leur place.

EXPORTATIONS

Les exportations ont été beaucoup plus importantes, même à destination de la Métropole, qu'en 1888.

Sur un total de 3.776.659 piastres (15.106.636 fr.) la France en réclamait 107.549 (420.196 fr.) au lieu de 41.057 en 1888 (164.228 fr.).

Les produits dont l'exportation mérite une attention particulière sont inscrits au tableau ci-après :

PRODUITS	Pour la France	Pour l'Etranger
—	—	—
	Piastres	Piastres
Peaux et pelleterie brutes	6.819	21.442
Plumes	250	804
Soies grèges	1.482	550.008
Soies filées	650	178.598
Soies redévidées	19.705	187.598
Déchets et frisons	12.565	621
Cornes de bétail	350	13.654
Riz	néant	1.566.156
Anis étoilé (badiane)	néant	21.390
Huile à laquer	56	65.575
Huiles autres	néant	2.268
Huile de badiane	45.555	11.995
Gomme laque	néant	6.023
Suc de menthe	néant	3.519
Racines, herbes, graines médicinales	néant	15.270
Bois de teinture	néant	2.338
Coton	néant	35.805
Joncs et rotins	néant	5.561
Faux gambier ou cunao	néant	103.162
Argent en barres	néant	1.800
Etain en saumons	néant	5.780
Zinc en saumons	néant	12.374
Sel marin	néant	27.696
Amidon	néant	5.593
Alcool de riz	néant	1.438
Tissus de soie	299	3.678
Eventails	néant	3.217
Peaux préparées	430	néant
Ouvrages en argent	254	néant
Meubles incrustés	1.903	néant
Articles en bambous	820	6.420
Ouvrages en bois	164	1.669
Ouvrages en sparterie, vannerie	7	3.858
Tabletterie	1.718	167
Curiosités, objets de collections	12.523	689
TOTAL GÉNÉRAL	115.540 (462.160 francs.)	2.867.475 1/2 (11.469.900 francs.)

La piastre doit être calculée au taux de 4 fr.

Nos achats au Tonkin ont donc porté sur un nombre restreint d'articles, dont nous n'avons demandé que de faibles quantités. Partout, sauf pour *l'huile de badiane* et quelques autres articles, nous sommes distancés de fort loin. Notamment sur les *soies grèges, filées, redévidées*, où notre total 21.837 piastres (87.348 francs) fait piètre figure auprès du total 916.537 piastres (3.666.148 francs), près de cinquante fois supérieur, donné par les transactions de l'étranger.

Les produits ouvrés du pays, exportés en France, ne peuvent pas figurer au complet dans une Statistique de Douane. Une grande quantité en est envoyée en franchise ou emportée par les officiers et fonctionnaires français sur les transports de l'État ou batiments affrétés, sans aucune déclaration en Douane.

Aucune exportation de charbon des mines de Hongay et de Kebao, bien qu'il ait été fait, dans l'année même, des essais sur les navires et chaloupes qui permettaient de conclure qu'elles pourraient avoir promptement une clientèle extérieure assurée.

TRANSIT

Le régime douanier institué le 8 septembre 1887, les empêchements aux échanges de sel et d'opium résultant du traité de commerce avec la Chine et de la constitution de la Ferme, le tarif de sortie, avaient tué, en 1888, le transit entre le Yunnan et le Tonkin. Il était tombé à 2622 piastres à l'aller (en montant le Fleuve Rouge) et 3.732 piastres au retour (en le descendant).

Heureusement on avait avisé. On avait rendu au Tonkin les facilités de passage qu'on avait commis la faute de lui retirer au risque de le stériliser.

Le décret du 9 mars abaissant de 80 0/0 les droits sur les objets transités en général, exemptant, en outre, de tous droits, quantité de produits consommés par la classe pauvre indigène; l'arrêté du gouverneur général exemptant de tous droits les produits importés des provinces chinoises limitrophes, ou seulement transités, sauf l'opium; un autre arrêté exemptant des droits de sortie les produits des exploitations appartenant à des Français; le remplacement du vice-roi de Canton par un mandarin moins hostile; la création des consulats de Mongtze et de Lang-tcheou, et les efforts heureux de leurs titulaires pour tempérer la rigueur des réglements douaniers chinois, avaient immédiatement amélioré la situation et produit une véritable poussée surtout vers le Yunnan. D'autant plus que, grâce à nos diplomates, nos denrées, entrant du Tonkin au Yunnan, pouvaient se répandre dans toute la province jusqu'à Yunnan-fou, au Koueï-Tcheou, au Sze-Schouen etc., sans payer les mille péages autorisés depuis la révolte des Taïpings, et après avoir seulement acquitté à la frontière les droits de Douane.

Enfin, la protection accordée à nos tissus de coton et de laine leur permettait d'aller au Yunnan affronter la lutte. Dans les trois derniers mois de l'année il avait été transité 114.000 piastres de filés de coton (456.000 fr.); et 1.000 balles avaient été demandées en France pour arriver au commencement de l'année suivante. D'autres produits avaient également donné lieu à d'importantes affaires.

De sorte que le transit, de septembre à fin décembre 1889, avait porté sur 228.000 piastres à l'aller (912.000 fr.) et 95.000 piastres au retour (390.000 fr.)

Les achats avaient été presque triples des ventes. Hong-Kong avait envoyé au Yunnan :

Des fruits secs pour. . .	6.312	piastres
Des tabacs chinois pour.	68.564	—
Des filés de coton pour.	114.580	(458.320 fr).
Des tissus pour	15.827	piastres
Des papiers chinois. . .	8.908	—
Des ouvrages en métaux et matières diverses. . .	5.405	—

Quelques ballots d'allumettes avaient été expédiés. Mais bien qu'on commençât à les fabriquer au Tonkin, l'immense consommation qui en est faite sur place ne permet pas d'espérer qu'une importation sérieuse puisse jamais s'établir du Tonkin au Yunnan sur cet article.

Les marchandises de retour, fournies par le Yunnan avaient été :

Graines diverses . . .	3.749	piastres
Espèces médicinales.	1.103	—
Chanvres et filaments	1.174	—
Etain en saumons . .	87.800	—

Cet étain pourrait fournir un fret de retour rémunérateur.

Il est acheté pour Hong-Kong. Là on le refond en

des moules spéciaux pour le vendre ensuite sous le nom d'étain de Banca. Il en est vendu d'énormes quantités.

Certainement, l'extension du parcours de la Compagnie des Messageries fluviales au haut Fleuve Rouge, avec des vapeurs spécialement construits, jointe à l'abaissement des droits de sortie sur le sel et de transit sur l'opium, aurait pour conséquence d'établir un courant d'échanges puissant et durable entre le Yunnan, Hong-Kong et le littoral chinois par la route la meilleure et la plus courte, le Fleuve Rouge.

CABOTAGE

On désigne ici sous ce nom les expéditions de marchandises de l'un à l'autre des pays qui composent l'Indo-Chine française.

La Cochinchine a importé au Tonkin 163.563 piastres (654.252 fr.);

L'Annam a importé au Tonkin 428.306 piastres (1.713.224 fr.);

Le Tonkin a exporté en Annam 721.587 piastres (2.886.348 fr.);

Le Tonkin a exporté en Cochinchine 94.376 piastres (377.504 fr.).

Soit un total général de 5.631.328 francs décomposé en 2.367.476 francs d'importations, c'est-à-dire d'achats faits par le Tonkin aux autres membres de l'Union Indo-Chinoise, et 3.263.852 francs d'exportations, c'est-à-dire de ventes effectuées par lui aux mêmes contractants. Détail qui a son importance, en prouvant que le Tonkin commençait déjà à tirer avantageusement parti de sa fécondité.

Le cabotage entre Haïphong et les autres ports du Tonkin a donné les résultats suivants :

Entrées à Haïphong, 164.095 piastres (656.380 fr.)
Sorties de Haïphong, 37.685 piastres (150.740fr.).

Total 807.120 francs. Ce chiffre très faible, au regard des 5.631.328 fournis par le Cabotage dans son ensemble, prouve avec une nouvelle force que ce mouvement est bien alimenté par le cru de la colonie et que chacune de ses régions diverses y contribue.

Il est instructif, surtout en ce qui concerne le Tonkin, de mettre en regard les importations de 1888 au lendemain de la mise en vigueur du régime douanier, et les importations de 1889, quand des corrections eurent été apportées à cette œuvre hâtive, mal établie et plus propre à ruiner tout à fait, sinon notre commerce, au moins notre colonie.

Tableau comparé des importations au Tonkin en 1888 et 1889.

En ne prenant que les chiffres les plus intéressants, nous constatons qu'il a été vendu par la France et par l'étranger, au Tonkin :

PRODUITS	FRANCE		ÉTRANGER	
	1888	1889	1888	1889
	Piastres	Piastres	Piastres	Piastres
roduits et dépouilles d'animaux, conserves de viandes, lait, fromage, beurre. . . .	101.205	75.808	82.491	48.867
arineux, farines, pâtes, légumes.	27.428	16.242	700.682	289.246
enrées coloniales, sucre, café thé, tabacs	128.416	102.265	323.619	336.923
uiles et sucs végétaux, opium.	34.563	37.003	416.172	240.832
ierres, terres et combustibles minéraux, charbon, pétrole .	2.511	10.342	296.154	186.044
roduits chimiques	8.167	7.619	21.447	12.903
Couleurs.	8.427	8.519	10.007	10.373
Compositions diverses. . . .	40.490	42.304	250.320	462.337
Fils	31.890	59.171	862.523	1.277.520
Tissus	122.443	95.142	507.350	356.570
Papier et ses applications. . .	40.793	31.095	118.664	102.975
Ouvrages en métaux	190.552	2.369.048	125.017	162.698
Meubles.	1.943	4.413	11.736	19 064

Le total général avait été, pour la France, en 1888 : 1.622.888,25, ou à 3 fr. 85 la p., 6.248.109 fr. 77.

En 1889, le *Journal officiel de l'Indo-Chine* le fait ressortir à 6.578.572 francs. L'augmentation est insignifiante. D'autant plus qu'elle est due en partie à l'élévation du taux de la piastre à 4 francs.

Il n'en faut pas conclure, sans doute, que le tarif revisé de 1889 n'avait produit aucun effet, il faut dire qu'il n' avait pas eu le temps de faire sentir toute sa force.

ANNAM

Nous avons longuement insisté sur les mouvements du commerce au Tonkin, à cause de l'intérêt supérieur qu'il présente pour nous, à tous les égards. Les conclusions qu'il nous a permis d'esquisser ne seront pas effacées par celles que va nous fournir l'Annam.

Le rapport sur les Statistiques des Douanes pour 1889 donne les chiffres suivants, que nous n'avons pu contrôler, et dont nous lui laissons la responsabilité.

Le commerce extérieur de l'Amman a atteint.

Importations. . . . . . fr.	4.698.619	16
Exportations.	3.749.048	00
Total	8.447.667	16

En 1888 (dit le même document), les chiffres correspondants avaient été;

Importations.	4.362.370	»
Exportations.	3.372.383	»
Total.	7.734.753	»

Il y aurait eu, d'après ces chiffres, une augmentation, un peu supérieure à sept cent mille francs répartie à peu près également entre l'importation et l'exportation.

IMPORTATION

Le total de 4.698.618.15 se décompose en effet en :

51.424 fr. venant de France.
144 fr. venant des colonies.
4.647.051 fr. 16 venant de l'étranger.

En d'autres termes, l'Annam avait acheté presque exclusivement à l'étranger, c'est-à-dire à Singapour et à Hong-Kong.

Voici la nomenclature des objets les plus demandés et des sommes qu'ils avaient coûtées :

	MARCHANDISES FRANÇAISES	MARCHANDISES ÉTRANGÈRES
	—	—
Lait concentré	Néant	4.000 fr.
Farines	—	10.000 »
Riz	—	54.000 »
Fruits et Graines	250	20.000 »
Sucres	16	Néant
Thé	Néant	240.000 »
Autres denrées coloniales	360	200.000 »
Opium	Néant	392.000 »
Houille	—	29.000 »
Pétrole	—	20.000 »
Métaux	—	62.000 »
Teintures et couleurs	—	28.000 »
Médicaments	—	320.000 »
Parfumerie	—	3.700 »
Bougies	600	84.000 »
Boissons	22.000	13.000 »
Poteries	200	122.000 »
Tissus de coton	7.000	379.000 »
Tissus de laine	600	6.000 »
Tissus de soie	5.200	65.000 »
Vêtements	1.700	20.000 »
Papier	1.700	582.000 »
Ouvrages en métaux, déduction faite du numéraire, or et argent	3.000	36.000 »
Armes, poudres	400	36.000 »
Allumettes	Néant	46.000 »

L'Annam n'a donc acheté en France ou aux Colonies

Françaises, ni *farines*, ni *riz*, ni *houille*, ni *pétrole*, ni *métaux*, ni *teintures*, ni *couleurs*, ni *médicaments*, ni *parfumerie*, ni *allumettes*, et a continué de payer à l'étranger un tribut considérable pour les *tissus* de *coton*, de *soie*, de *laine*, les *vêtements*, le *papier*, les *poteries* et l'*opium*. Certains produits, comme le *thé*, l'*opium*, les *médicaments*, ne peuvent pas être pour nous l'objet d'une concurrence ; mais nous aurions pu fournir les autres, surtout protégés comme ils l'étaient par le Tarif Douanier.

EXPORTATIONS

Le document officiel, auquel nous continuons d'emprunter, s'exprime ainsi :

« On n'a exporté d'Annam pour la France que quelques milliers de francs de marchandises : *produits* ou *dépouilles d'animaux* et *ouvrages de matières diverses* en forment la majeure partie. »

Par contre, le tableau dressé, à la suite, donne les chiffres ci-après, évidemment afférents à l'étranger :

Cannelle. . . . . fr.	1.490.000	»
Sucres	680.000	»
Peaux.	262.000	»
Soies	418.000	»
Huiles	60.000	»
Bois.	36.000	»
Sel	108.000	»
Gambier.	96.000	»
Rotins	45.000	» etc., etc.

Le commentaire que nous pourrions faire reproduirait, sans y rien changer, ce que nous avons dit plus haut sur les habitudes routinières de notre industrie et de notre commerce, et sur l'infériorité de notre système de navigation.

Recettes douanières.

Les droits, qui n'avaient pas eu le pouvoir d'écarter complètement la concurrence étrangère, avaient-ils au moins rempli la caisse du Protectorat, et, sur un point, répondu à l'attente de leurs auteurs?

Pas entièrement non plus.

Le Rapport officiel fournit les éléments suivants:

Droits d'importation, perçus en vertu de la loi de finances de 1887 et des actes législatifs ultérieurs :

Annam . . . . fr.	552.475 56
Tonkin	1.922.760 88
Total.	2.475.236 44;

Droits d'exportation, perçus en vertu d'actes législatifs émanant des pouvoirs locaux.

Annam . . . . fr.	315.773 72
Tonkin	1.000.334 28
Total.	1.316.108 »
Total des Recettes. . . . . . fr.	3.791.344 44,

qui, comparé au résultat de 1888 = 3.663.113 fr. 59,

montre une différence en plus de 128.230 fr. 85 en partie due à la majoration du taux de la piastre.

D'un autre tableau, de la même brochure, portant « Récapitulation générale des Recettes des douanes et Régies de l'Annam et du Tonkin, » nous tirons les résultats complémentaires suivants :

ANNAM

Recette totale, 342.546 piastres 50, en déficit de 17.453 piastres 50 sur les prévisions budgétaires.

TONKIN

Recette totale, 912.439 piastres 53, en déficit de 117.560 piastres 48 sur les prévisions budgétaires.

Situation à la fin de 1889.

Ce résultat dispense de tout commentaire autre que la citation littérale des conclusions du Service Douanier lui-même :

« Le décret du 9 mai 1889, tout en atténuant les « effets du Régime Douanier de l'Indo-Chine, dans ce « qu'ils avaient de trop rigoureux, n'a pas produit « tout ce qu'on en attendait. Aussi M. le Gouverneur « général de l'Indo-Chine a-t-il décidé qu'il y avait « lieu, par suite, de rechercher les moyens de favori- « ser le commerce; que chacun des quatre pays de

« l'Indo-Chine devrait dans ce but nommer une com-
« mission à l'effet d'étudier et de présenter un projet
« de Tarif Douanier rédigé dans un sens plus libéral
« que le Tarif actuel, et destiné à protéger efficace-
« ment les produits nationaux, tout en favorisant
« l'entrée en Indo-Chine des marchandises qui n'ont
« pas de similaires en France. »

---

§ 4

Année 1890.

Actes du gouverneur général.

Les besoins, les difficultés restaient donc les mêmes. Le Gouverneur général essaya d'y faire face par un des moyens que nous avons déjà cités : la régie sur des objets des consommation courante monopolisés et par des taxes exclusivement fiscales, ce qui n'était pas non plus un expédient nouveau.

Le 16 janvier, il mit en pratique l'arrêté du 17 décembre 1889 établissant l'exploitation, par la Régie, de la cannelle dans les provinces annamites de Quang-nam et Quang-ngaï.

Le 15 janvier, il résilia avec la Ferme de l'opium le contrat qui la privilégiait en Annam. La vente de la drogue, et toutes les opérations de détail qui s'y rapportent, furent réservées à l'Administration. Un contrat annexe fut signé avec la Ferme du Tonkin.

Le 10 mars, arrêté permettant le transit de l'opium de Cochinchine à travers le Tonkin pour approvisionner les entrepôts de Than-hoa, Vinh, Ha-tinh (Annam), et de l'opium du Yunnan pour gagner Haïphong, sous condition d'observer de minutieuses formalités douanières.

Le 19 mars, règlement draconien, au profit de la Ferme de l'opium, pour défendre absolument l'introduction, sous quelque forme que ce fût, au Tonkin, d'un opium autre que celui de la Ferme.

Le 3 mai, mise en demeure intimée à la Société des Docks d'Haïphong d'avoir à construire et mettre en exploitation, gratuitement, une petite ligne ferrée allant des Magasins généraux au square Paul Bert.

Le 15 mai, pourtant, on accorda, mais en rechignant et avec des restrictions de toutes sortes, exemption de la taxe de séjour aux Chinois entrant en Annam et au Tonkin avec un passeport spécial délivré par les consuls de France à Mongtze, Langtcheou, Canton, Hong-Kong, Pakhoï. Parce qu' « il importe de favoriser dans la plus large mesure possible le développement du commerce avec la Chine. »

On commençait à comprendre quelle faute on avait commise en fermant hermétiquement un pays comme le Tonkin dont la principale utilité est d'être un passage.

Malgré tout, la fiscalité restait obligatoire, et abolie sur un point, reparaissait forcément sur un autre.

Le 20 septembre, on imposa un droit de phare et d'ancrage aux navires arrivant sur lest à Haïphong et emportant un chargement exclusif de charbon. Ils durent payer :

Au voyage 0.04 par tonne de jauge (navires étrangers) ; 0.02 par tonne de jauge (navires français).

A l'abonnement, par trimestre : 20 cents. pour les

navires étrangers; 10 cents pour les navires français.

Les navires arrivant chargés et repartant avec une cargaison de charbon furent soumis à l'aller aux droits du paragraphe 2, art. 1er du 15 février 1889, au retour à ceux de l'article précédent.

A l'abonnement les droits furent fixés à 80 cents par tonne et par trimestre pour les navires étrangers et 15 cents, pour les navires français. Le même régime put être appliqué aux jonques de mer faisant le transport du charbon.

Le 15 octobre, on ouvrit au commerce les ports de Hong-hay et Kebao, en exemptant *provisoirement* les navires charbonniers des droits de phare et d'ancrage, sans préjudice du droit de Statistique fixé à 0.01 par tonneau de jauge.

Cela suffisait pour enrayer le développement des charbonnages, qui eût, sans aucun doute, été puissamment aidé par la franchise des deux ports.

Le même jour, une commission fut instituée à Haïphong pour étudier la revision du Tarif Général des Douanes.

Le 13 octobre, avait été revisé le Cahier des charges de la Ferme de l'opium au Tonkin.

Elle avait obtenu prolongation de son privilège jusqu'au 31 décembre 1900; mais moyennant une redevance annuelle de 450.000 piastres pour les deux premières années, de 500.000 pour les huit autres, et le versement de 50 0/0 des bénéfices au-dessus de 250.000 piastres.

Ces nouvelles conditions n'étaient pas de nature à faciliter l'entrée au Tonkin de l'opium du Yunnan, et par suite l'établissement d'un courant régulier d'échanges avec Hong-Kong et la Chine orientale.

Mouvement commercial.

Pendant cette période le commerce du Tonkin surtout est intéressant à étudier. L'Annam reste à peu près stationnaire et ne ferait qu'allonger inutilement notre étude. Nous nous en occuperons incidemment, pour relever ses échanges, de plus en plus importants avec le Tonkin, et ne le reprendrons sérieusement qu'en 1892.

Sur cet exercice 1890, le régime douanier de 1887-1889 a donné tout son effet utile ou nuisible.

Le rapport officiel sur les Statistiques des Douanes contient les résultats suivants.

Le mouvement des denrées et marchandises de toute sorte a atteint une valeur de 12.135.122 piastres ou 48.540.688 fr., en calculant la piastre au taux de 3 fr. 10.

IMPORTATIONS

Marchandises venant directement de France. . fr.	7.306.064	»
Numéraire — —	6.002.580	»
Marchandises venant de Cochinchine.	1.601.624	»
Numéraire — —	227.020	»
Marchandises venant directement de l'étranger. . .	11.464.708	»
Numéraire — — . . .	699.940	»
Marchandises de l'étranger venant par frontières de terre.	361.128	»
Marchandises venant des entrepôts.	71.148	»

EXPORTATION :

Marchandises envoyées directement en France. . .	694.980	»
— — Cochinchine.	1.005.072	»
Numéraire — — .	641.688	»

Marchandises envoyées directement à l'étranger		5.321.560 »
Numéraire — — —		4.976.356 »
Réexportation	Pour la France	11.496 »
	Pour les colonies françaises	575.708 »
	Pour l'étranger	97.860 »
Transit	De Hong-Kong au Yunnan	3.392.812 »
	Du Yunnan à Hong-Kong	1.692.628 »
	De France au Laos	131.200 »
Cabotage	Entre Haïphong et les ports de l'Annam	117.876 »
	Vice versâ	1.129.020 »
	Entre Haïphong et les autres ports du Tonkin. Entrées	315.180 »
	Entre Haïphong et les autres ports du Tonkin. Sorties	702.840 »

Total général : 48.540.688 francs, soit, dit le document officiel que nous suivons, une diminution de 6.350.708 francs sur le chiffre du mouvement commercial de l'année 1889.

Comparaison avec 1889.

Or, la statistique de l'année 1890 a été dressée avec la plus grande exactitude. Pour obtenir le résultat ci-dessus, aucun mouvement n'a été omis. Les importations pour le compte de l'Etat, pour le chemin de fer de Langson, le cabotage local, les échanges entre les divers pays de l'Indo-Chine, etc., tout a concouru à le former, et par suite à nous permettre de juger des effets du régime douanier, même modifié libéralement en 1889.

Notre jugement, dans l'ensemble, résulte de ce fait que le total du mouvement commercial général a été inférieur de 6.359.708 à celui de 1889, qui n'était pas lui-même le produit d'une année brillante. Une analyse détaillée ne fera que le mieux motiver.

Examen détaillé des Importations et des Exportations.

IMPORTATIONS

L'étude comparative de ces chiffres et de ceux des exercices précédents nous apprend que les importations ont subi des variations très sensibles depuis la mise en vigueur du Régime douanier.

ANNÉES	PROVENANCES de France et des colonies françaises.	PROVENANCES de l'étranger.	PROVENANCES de la Cochinchine et de l'Annam.
1887	7.328.127	20.824.664	672.976
1888	6.521.408	17.479.220	6.190.192
1889	6.574.572	17.170.312	6.420.776
1890	8.907.688	11.896.984	1.129.020 De l'Annam seulement.

Il suit de là que si le commerce français métropolitain ou intercolonial a gagné de 1887 à 1890 près de 2 millions et demi, le courant des affaires avec l'étranger. a baissé presque de moitié et perdu près de 9 millions. L'Annam seul a doublé, et au delà, son total d'échange avec le Tonkin. Mais est-ce une compensation suffisante?

EXPORTATIONS

Les exportations ont suivi une marche sensible ment analogue.

ANNÉES	POUR la France et les colonies françaises.	POUR l'étranger.	POUR la Cochinchine et l'Annam.
1887	82.175	335.476	190.763
1888	164.228	6.586.848	2.587.676
1889	477.444	10.161.564	3.248.004
1890	5.321.560	5.521.560	117.876 Pour l'Annam seulement.

Le Tonkin avait vendu au dehors en 1889 pou 13.887.012;

En 1890 il n'a plus vendu que 10.960.996. Pert sèche approchant de 3 millions.

La faute en peut être reportée aux droits de Sorti imposés par le Gouverneur général, pour alimenter l budget colonial, en vertu du droit que lui conférai le décret présidentiel du 8 mai 1889, promulgué l 15 juin de la même année.

Cependant nous pouvons affirmer que plus nou préciserons notre examen, plus solidement nous éta blirons que le Régime douanier a complètemen trompé tous ses partisans.

Tableau d'ensemble des importations ave parallèle entre 1889 et 1890.

L'augmentation de plus de 2 millions de francs constatée cette année sur la précédente, a été du presque entièrement aux importations de riz de Co chinchine, à la suite de la disette qui a sévi sur l Tonkin aux mois de janvier, février, mars et avril.

Le tableau comparatif ci-après parlera d'ailleurs plus éloquemment que le plus habile logicien.

La valeur des piastres peut être 4 fr., bien qu'il faille plutôt les décompter à 3 fr. 10 l'une en prenant la moyenne des cours successifs de l'année. Mais cette majoration ne changera le résultat que pour augmenter sa valeur démonstrative.

NATURE DES MARCHANDISES	DE FRANCE et des colonies françaises		DE L'ÉTRANGER	
	1889	1890	1889	1890
Animaux vivants	5 »	706 »	15.170 25	26.683
Produits et dépouilles d'animaux	75.308 »	98.407 »	48.867 31	37.281
Produits de pêche	5.496 75	1.989 »	7.999 20	4.987
Substances animales brutes	509 »	300 »	18 67	2
Matières dures à tailler	»	5 »	10.214 66	9.817
Farineux alimentaires	16.242 10	122.145 »	389.246 61	189.771
Fruits et graines	4.003 50	95.354 »	32.327 97	22.432
Denrées coloniales de consommation	102.264 95	179.023 »	333.923 »	282.513
Huile et sucs végétaux	37.002 25	30.370 »	240.832 07	209.530
Espèces médicinales	90 »	4.370 »	12.052 60	4.514
Bois	»	265 »	9.283 70	60.002
Filaments, tiges, fruits à ouvrer	660 »	5.305 30	10.710 90	20.732
Teintures et tanins	»	»	4.204 65	2.280
Produits, déchets divers, légumes	16.197 »	10.765 »	38.303 64	23.396
Pierres, terres, combustibles minéraux	10.432 »	53.503 »	186.043 85	212.290
Métaux	62.022 50	74.120 »	79.255 70	57.781
Produits chimiques	7.619 »	5.440 »	12.902 60	12.507
Teintures préparées	911 »	115 »	1.744 50	6.758
Couleurs	8.519 »	9.862 »	10.372 55	3.997
Compositions diverses	42.304 09	48.403 »	462.337 24	280.179
Boissons	865.868 60	632.635 »	57.354 30	37.217
Poteries	4.818 »	5.672 »	58.451 02	44.440
Verres et cristaux	11.351 95	11.955	19.498 57	14.308
Fils	59.171 »	30.995 »	1.277.519 85	909.654
Tissus	95.142 70	140.735 »	356.570 92	186.331
Papier et ses applications	31.094 35	40.285 »	102.974 22	89.917
Peaux et pelleteries	21.780 »	25.370 »	11.679 96	7.391
Ouvrages en métaux	2.369.047 90	2.069.665 »	162.698 05	233.806
Armes, poudres, munitions	12.196 »	9.929 »	22.273 23	24.134
Meubles	4.413 »	7.055 »	19.063 50	11.948
Ouvrages en bois	900 »	4.003 »	20.062 05	11.751
Instruments de musique	2.764 50	3.426 »	1.565 20	987
Ouvrages de sparterie, vannerie	1.455 »	4.282 »	13.733 15	7.727
Ouvrages en matières diverses	35.053 65	57.868 »	332.290 30	101.604
A déduire : envois de numéraire	2.261.500 »	1.557.400 »	72.065 »	174.985
Reste total	1.643.643 29	2.226.922.30	4.292.477 99	2.974.246.

Analyse détaillée de ce tableau.

Quelques-uns de ces chiffres méritent attention.

Le numéro XI accuse une augmentation d'environ 50.000 piastres, causée par l'arrivée au mois de septembre d'un voilier chargé de bois d'Amérique.

L'exploitation des forêts du pays avait produit :

Bois de construction	70.000 mètres cubes	valant 700.000	piastres
Bois de chauffage	250.000	— 300.000	—
Bambous.	100.000	— 25.000	—

Le numéro XII qui fait ressortir 14.667 piastres d'augmentation comprend les matières textiles de tout ordre. La filature indigène faisait tous les jours des progrès, qui l'amenaient à acheter des matières premières en quantités de plus en plus grandes, mais qui nuisaient dans la même proportion à la vente de nos produits manufacturés métropolitains.

Au chapitre XIII, diminution de 1.924 piastres, causée non par un ralentissement dans les teintureries indigènes, mais par l'habitude d'utiliser les plantes tinctoriales très abondantes dans le pays. Les écorces tinctoriales, jadis importées du Yunnan, passaient en transit par Hong-Kong.

Au chapitre XVI, diminution totale de 9.376 piastres, avec augmentation de 12.098 piastres pour les produits français. Les fers en barre figuraient pour 30.750, contre 15.235 en 1889. Sur d'autres articles, il y avait baisse.

Acier, 575 piastres, contre 11.000 en 1889.

Tôles et fers étirés 8.565 piastres contre 30.65 en 1889.

Le cuivre, la fonte et le zinc étaient en augmentation.

Le Tonkin achète à l'étranger parce que la place de Haïphong n'est jamais suffisamment approvisionnée, au lieu que Hong-Kong, à proximité, l'est toujours admirablement. Aucun tarif, si rigoureux qu'il soit, ne pourra changer cela.

Au chapitre XXI (boissons), diminution totale de 253.367 piastres, dont 233.233 pour les produits français, portant principalement sur les vins dont il avait été constitué en 1889 des stocks considérables, qui ont lourdement pesé sur les transactions de 1890.

D'autre part, la réduction du nombre des consommateurs par le malaise général a également beaucoup nui aux achats de boissons. Cependant, *vermouth, vinaigre, cidre, bière, eau-de-vie et alcool en bouteilles et en fûts, liqueurs*, sont entrés en plus grandes quantités.

Le chapitre XXIV est celui des *filés de coton*.

L'importation a diminué de 1.396.041 piastres dont 367.865 pour les produits étrangers et 28.176 pour les produits français.

Le tableau comparatif des importations des cinq dernières années mérite d'être inséré pour éclaircissement.

1886......	1.471.079 fr.	
1887......	1.163.196 »	y compris l'Annam
1888......	862.523 »	
1889......	1.336.690 »	
1890......	940.649 »	

La différence entre 1889 et 1890 a été causée par les stocks considérables accumulés en 1889, sous la menace des droits de Douane. Ce n'est pas difficile à reconnaître.

Voici en effet le tableau comparatif des deux années 1889 et 1890, en ce qui concerne les principaux articles vendus :

1889	Importés de France	Importés de Saïgon	Importés de l'étranger
Filés n° 20 . . piastres.	6.290	14.630	1.015.811
— n° 30	9.276	»	219.344
— n° 40	14.740	13.096	36.838
Fils à coudre	1.140	»	5.159
1890			
Filés n° 20 . . piastres.	12.615	1.460	739.667
— n° 30	»	»	4.908
— n° 40	7.460	9.385	120.450
Fils à coudre	75	»	2.745

Les écarts énormes du trafic sur les fils étrangers, n° 30 et n° 40 surtout, ne laissent aucun doute. Mais nous devons remarquer que, parallèlement, nous avons plutôt perdu que gagné et que nous n'avons pas pris la place de nos concurrents.

Au chapitre XXV (tissus), diminution de 124.646 piastres supportée par les produits étrangers dont il a été importé pour 170.239 piastres de moins qu'en 1889 ; tandis que les produits français sont en augmentation de 45.593 piastres, comprenant surtout des *tissus de coton blanchis, façonnés, andrinople, couvertures ;* des *tissus mélangés, bonneterie de laine,* et *confections.*

Le tableau comparatif suivant permettra de juger l'effet produit sur les tissus français et étrangers par les droits de douane :

Tableau Comparatif des importations des tissus français et étrangers en 1889 et 1890.

	FRANCE		ÉTRANGER	
	1889	1890	1889	1890
Tissus de lin et de chanvre écrus	3.510	1.500	94	1.100
Toiles	1.113	3.895	514	215
Toiles cirées	1.158	8.045	3.425	4.470
Tissus de jute	215	»	167	23
Gunny	»	1.525	73.923	18.435
Tissus de coton, écrus	19.628	15.890	30.450	14.860
— blanchis	11.960	17.020	59.064	14.850
— andrinople	400	9.190	19.842	12.825
— divers	2.582	11.850	19.107	13.697
— façonnés	1.050	2.825	6.822	9.887
— couvertures	»	5.260	»	»
— passementerie	3.261	2.295	»	»
— bonneterie	5.951	6.620	7.936	6.938
Tissus mélangés	»	7.970	»	»
Tissus de laine, draperie	9.560	6.435	»	»
— bonneterie	1.715	1.190	»	»
— divers	13.086	9.820	20.004	15.787
Soieries	704	7.180	91.621	64.837
Confections	19.442	22.225	16.635	3.809

Il est certain que les efforts de certaines maisons françaises pour tirer parti de la protection douanière ont été couronnés de succès. Mais cependant l'effet du Tarif Général qui ressort immédiatement de cette confrontation, est une diminution considérable des importations étrangères que ne compense pas l'augmentation des nôtres.

Le Tonkin achète moins: par conséquent, si nous, Métropole, nous gagnons quelque chose, lui, semble plutôt y perdre.

Au chapitre XXVI (papier et ses applications), diminution de 13.057 sur les produits étrangers ; augmentation de 9.191 sur les produits français.

Au chapitre XXVII (peaux, pelleteries, etc.), diminution totale de 698 piastres, mais augmentation de 3.590 piastres au profit des Français et baisse de 4.288 pour les étrangers.

Pour la bijouterie (chapitre XXVIII), diminution apparente de 228.274 piastres, répartie en 299.382 piastres de perte pour la France et 71.108 de gain pour l'étranger.

Au chapitre XXIX (armes, poudres, etc.), diminution de 406 piastres en tout,repartie en 2.167 piastres en moins pour la France, 1.891 en plus pour l'étranger.

La diminution de 4.473 piastres du chapitre XXX est due aux progrès faits par les Annamites dans la fabrication des meubles ordinaires. La France gagne cependant 2.642 piastres, avec les meubles en bois courbé, et les chaises.

Au chapitre XXXIV (objets divers, carrosserie, brosserie, bimbeloterie, allumettes, etc.), diminution de 230.686 piastres pour les produits étrangers, augmentation de 22.815 pour les Français, due surtout à la *carrosserie*, aux *instruments d'optique*, à la *bimbeloterie* et aux *parapluies*.

La supériorité des étrangers en 1889 avait été due à l'achat à Hong-Kong de 191.530 piastres de matériel et d'agrès pour les Messageries fluviales.

En somme, nous ne pouvons que répéter ce qui a été dit plus haut : incontestablement le commerce français a gagné quelque chose au tarif de 1889, mais le mouvement des échanges au Tonkin a été ralenti, beaucoup; par suite les recettes diminuées, non pour la Douane, mais pour le commerce colonial, aussi intéressant pour nous que le commerce métropolitain. Telle n'était pas à coup sûr, l'attente de nos protectionistes, qui purent alors voir qu'ils n'avaient pas trouvé le vrai remède de notre maladie. Cette conclusion n'a rien d'excessif si on veut bien considérer quelle a été l'importance relative des importations au Tonkin, malgré les obstacles et les mille barrières fiscales élevées, comme nous l'avons vu, en arrière du mur douanier.

L'examen des Exportations ne nous suggérera pas des conclusions différentes.

Tableau d'ensemble des Exportations en 1889 et 1890.

Le mouvement commercial des sorties a atteint le chiffre de 3.331.180 piastres, contre 3.843.399 en 1889, ainsi décomposé :

ORIGINES ET DESTINATION.	VALEURS 1889	1890
Marchandises Du cru du pays :		
Envoyées directem. en France	107.549 50	173.745 »
pour la Cochinchine	11.812 »	251.268 »
— en sapèques	»	160.422 »
pour l'étranger.	2.540.391 15	1.330.390 »
pour l'étranger, en numéraire piastres.	1.116.907 »	1.244.089 »
Marchandises françaises réexportées.		
pour la métropole.	7.988 »	1.594 »
pour la Cochinchine	»	132.670 »
pour l'étranger	6.766 95	10.264 »
Marchandises étrangères réexportées :		
pour la métropole.	10.219 85	1.280 »
pour la Cochinchine	45 »	11.257 »
pour l'étranger	41.720 »	14.201 »
TOTAUX	3.843.399 45	3.331.180 »
A déduire pour avoir le chiffre exact des exportations :		
Numéraire.	1.116.907 »	1.404.511 »
Réexportations	66.738 »	171.266 »
TOTAL	2.659.753 45	1.755.403 »

Soit une diminution sur 1889 de 904.350 piastres ou à 4 fr. l'une, 3.617.406 ou encore à 3 fr. 10 .803.485 fr.

Examen détaillé de ce tableau.

Au chapitre Ier, augmentation de 36.268 piastres causée par l'envoi de 8.732 porcs en Chine, représentant 38.230 piastres, contre 2.106 représentant 7.367 piastres en 1889, et par l'exportation de volailles pour 2,410 piastres.

L'élevage peut donc devenir un élément de trafic important avec la Chine, dont les besoins nous garantissent la vente de tout ce que notre Indo-Chine produira par ce moyen.

Le chapitre III est en augmentation de 48.081 piastres portant exclusivement sur le poisson pêché sur le littoral et préparé à la Cacba (île devant l'entrée du Cua Cam, bouche de la rivière d'Haïphong). 550 barques chinoises environ y sont venues; elles ont payé 10.000 piastres de droits de Douane, sans compter ce qu'ont acheté les 6.000 matelots qui les montaient, comme aliments, sel, etc. Si la sécurité persiste dans l'archipel, et si aucune vexation ou entrave ne contrarie cette industrie, elle sera une importante ressource, et mérite de grands ménagements.

Au chapitre V (matières dures à tailler) diminution de 3.146 piastres. Le tout d'ailleurs a été expédié sur Hong-Kong.

1.237.353 piastres en moins, sur les farineux alimentaires (chapitre VI) n'intéressant que les riz dont il n'a été exporté que 329.423 piastres contre 1.566.165 en 1889, à cause des inondations et de l'insuffisance de la récolte qui ont obligé l'administration à prohiber l'exportation du riz pendant le deuxième semestre de 1890.

Au chapitre IX (huiles et sucs végétaux), augmentation de 34.022 piastres portant sur l'huile à laquer et la gomme laque ; ce qui prouve que les Annamites ont appris de nous à tirer meilleur parti des ressources forestières du Tonkin et de leurs produits marchands.

Même observation pour le chapitre XI (bois) en augmentation de 13.041 piastres; le tout d'ailleurs exporté sur Hong Kong.

Au chapitre XII (filaments, bois, tiges à ouvrer), augmentation de 47.292 piastres sur les cotons égrenés (74.240 en 1890 contre 35.805 en 1889), les rotins, bambous, joncs (10.950 en 1890 contre 5.672 en 1889), les autres filaments (4.070 en 1890 contre 311 en 1889). L'exportation des joncs pour nattes avait diminué notablement depuis l'établissement de fabriques de nattes à Phat-Diem, province de Ninh binh, d'où l'on exportait déjà des produits qui concurrençaient leurs similaires chinois.

Au chapitre XV (pierres, terres, combustibles minéraux), augmentation de 7.928 piastres, représentée par 2.645 piastres de charbon des mines de Hongay, et des réexportations de ciment et de charbon à Saïgon.

Le chapitre XVI (métaux) fournit une curieuse remarque que nous avons, du reste, eu déjà l'occasion de faire. Il a été exporté 52.055 piastres d'étain contre 37.936 en 1889. Le pays n'en produit pas : évidemment celui qui a été envoyé à Hong Kong était venu du Yunnan sans passer par la Douane.

L'article XVII explique pourquoi, par une diminution de 10.458 piastres sur le sel marin, dont il n'a été exporté que 17.065 piastres contre 27.696 fr. en 1889. Effet persistant du malencontreux impôt mis et maintenu sur cette denrée qui peut donner un fret de montée excellent pour aller au Yunnan chercher l'opium, les minerais, etc.

Le trafic ouvert, grevé de trop grosses dépenses, disparaît devant la contrebande, qui fraude la douane chinoise sur l'étain et la douane française sur le sel.

Au chapitre XX (médicaments), augmentation de 12.827 piastres, due surtout aux médicaments asiatiques dont il a été établi à Nam dinh et dans la province de Haï-duong des fabriques qui paraissent devoir prendre de l'extension.

Au chapitre XXV (tissus), augmentation de 139.152 piastres, portant sur les tissus en coton fabriqués dans le pays, dont il a été exporté 35.560 piastres contre 2.213 en 1889; les tissus de soie dont il a été exporté 101.277 piastres contre 10.567 en 1889; les vêtements annamites dont il a été exporté 4.633 piastres contre 170 en 1889.

Les riches tissus de soie ont été envoyés comme colis postaux, à Saïgon, pour éviter le paiement des droits de sortie, et de là aux destinataires étrangers.

Les autres, à raison de 92.275 piastres, ont été aussi expédiés par Saïgon pour bénéficier de la détaxe du tarif de sortie établie en faveur des produits exportés pour la France et les colonies françaises.

Ces exportations de tissus indigènes appelleraient des encouragements.

Au chapitre XXVI (papiers et applications) augmentation de 15.324 piastres, prouvant que l'industrie indigène, de ce côté également, était en progrès.

Le chapitre XXVIII fait ressortir une augmentation de 280.585 piastres, portant sur le numéraire 1.381.661 fr. contre 1.116.907 fr. en 1889. La Chine continuait d'opérer un drainage de piastres fort onéreux.

Pendant l'année 1890, les indigènes avaient été obligés de vendre leurs ligatures au prix de 9,3 pour une piastre, afin de payer leurs impôts.

Cette majoration du change moyen de la piastre ne se serait pas produite si on avait enrayé l'exportation de ce numéraire dont la raréfaction peut nous embarrasser grandement un jour.

Sur le chapitre XXXIV l'augmentation apparente de 93.342 piastres tient uniquement à l'observation plus exacte des règlements douaniers en ce qui touche les déclarations à fournir pour les produits du pays importés on expédiés en France par les officiers, fonctionnaires et autres personnes habitant le Tonkin.

En somme, il ressort de ce tableau des exportations que des industries locales étaient déjà établies au Tonkin, et étaient en bonne voie de prospérité. Encore un effet du Régime douanier, inattendu de ses zélateurs, et contraire à l'intérêt, étroitement compris, de notre industrie.

Transit. — Commerce avec le Yunnan.

La valeur des produits transités entre Hong-Kong et le Yunnan s'est élevée à 848.203 piastres ou 3.392.812 francs, et du Yunnan sur Hong-Kong à 423.157 piastres ou 1.692.628 francs; au total à 5.085.440 francs.

Du Tonkin sur Louang-Prabang 32.800 piastres ou 131.200 francs ont été expédiés. De Louang-Prabang au Tonkin, rien.

Soit une augmentation de 720.554 piastres sur le mouvement à l'aller et de 398.713 piastres sur le mouvement au retour.

La voie du Fleuve Rouge commençait donc à être adoptée en principe comme communication entre la Chine orientale et le Yunnan. Des escortes avaient été accordées aux convois de marchandises. Il est regrettable que les postes de haleurs créés en 1887 n'aient pu être maintenus. Mais en revanche des études hydrographiques sérieuses étaient déjà projetées sur la navigabilité du cours d'eau. Nous les retrouverons dans la suite de cette étude.

L'insuccès du service des Messageries fluviales à Yenbay, en 1889, avait été causé par le manque d'un second voyage chaque semaine et la nécessité de remonter de Yenbay sur Laokay en jonques.

En 1890, il y avait 116 barques ou jonques, de capacité variant entre 200 et 450 piculs, pour le service du haut Fleuve Rouge. Elles employaient 35 à 40 jours pour monter de Hanoï à Laokay, et 2 mois pour faire le voyage aller et retour. Les marchandises qu'elles portaient représentaient 1.874 tonnes de poids à l'aller et 1.704 au retour.

Or, les marchandises de toute nature échangées entre le Yunnan et le Tonkin représentent un poids de 4.678 tonnes, soit environ 70.000 piculs où 1.100 tonnes de plus que ne transportaient les barques.

Le prix moyen du transport de Hanoï à Laokay est de 3 piastres 50 par picul. Un service régulier bihebdomadaire pourrait donc enlever toutes les denrées et compter sur une recette minima de 245.000 piastres, sans compter le développement auquel il ne manquerait pas de donner lieu.

Il n'est pas prouvé qu'une voie ferrée aurait les mêmes avantages et le même effet utile. Pendant 153 kilomètres de Lao Kay à Yen bay, il faudrait plusieurs travaux d'art fort dispendieux, sans compter nombre d'aqueducs, si par contre pendant 85 kil. de Yen bay à Vietri la construction était moins coûteuse. Une voie de 238 kil. de développement mettrait certainement en mouvement de gros capitaux et obligerait à élever le prix des transports, ce qui ne grossirait pas le courant commercial.

Au lieu que des bateaux du type « Yunnani » et « Lao Kay », appropriés au régime du Fleuve Rouge et portant 100 tonnes, pourraient parfaitement, en faisant deux voyages par semaine, suffire aux échanges actuels et amorcer les échanges à venir.

Pendant les basses eaux il faudrait adopter des barques tirant 45 centimètres à pleine charge et capables de remorquer plusieurs jonques chargées de marchandises.

Quelques travaux intelligemment dirigés, peu coûteux, pratiques plutôt que théoriques, suffiraient parfaitement à aménager cette voie du Fleuve Rouge, mal commode assurément, mais beaucoup moins que celle du Yang-tse-Kiang, par exemple.

Les principaux produits transités de Hong Kong au Yunnan en 1890, ont été :

Le tabac chinois	167.415	piastres
Les métaux (acier, fer, cuivre, etc.) pour . .	95.400	—
Les cotons filés pour	431.395	—

Les tissus de coton	79.638 piastres
— de laine.	24.427 —
Bois de santal et autres	12.973 —

Les principaux articles de transit du Yunnan à Hong Kong ont été :

L'étain en saumons pour.	417.328 piastres
Les écorces tinctoriales pour.	3.276 —
Les racines médicinales pour.	1.075 —

Le transit sur Louang Prabang a porté sur les conserves, vins, confiserie, beurres, bimbeloterie, quincaillerie pour 38.200 piastres.

CABOTAGE

Le mouvement de cabotage a atteint le chiffre de 566.229 piastres, ainsi réparties :

Importations de l'Annam.	282.255 piastres
Exportations pour l'Annam	29.469 —
TOTAL.	311.724 piastres ou 1.246.892 francs.

Cabotage eutre Haïphong et les autres ports du Tonkin :

Entrées à Haïphong.	78.795 piastres
Sorties de Haïphong.	175.710 —
TOTAL.	254.505 piastres ou 1.018.020 francs.

La différence de ce total avec celui de 1889 provient de ce qu'on a seulement tenu compte des transactions entre les ports du Protectorat, en éliminant Saïgon, et de ce qu'un service régulier a été établi entre Tourane et Hong-Kong, ce qui d'ailleurs, a beaucoup aidé au développement du commerce de l'Annam.

Le cabotage entre les ports du Tonkin paraissait devoir se développer en raison des travaux faits à Kebao et à Hong-hay pour les charbonnages. Une nombreuse batellerie de jonques était sans cesse en mouvement entre l'Archipel, le littoral et le Delta.

En somme aucun des résultats que nous venons de relever successivement n'est favorable au Régime douanier, et nous ne pouvons que répéter une fois de plus qu'il gênait les populations annamites, sans nous avantager sérieusement ni chasser nos concurrents étrangers. L'instrument était peut-être puissant, mais il ne paraissait pas fait pour notre usage.

§ 5

Année 1891.

Actes du gouverneur général

Malgré les résultats plutôt défavorables de l'exercice 1890, le gouvernement du Protectorat fut obligé de continuer la même politique.

Le 31 janvier 1891, il promulgua la loi du 8 juillet 1890 portant modification au tarif général des douanes à l'égard des maïs, riz, daris et millet importés en France (tableau A établi par les lois des 7 mai 1881 et 28 mars 1885). Les nouveaux tarifs étaient ainsi réglés :

	Produits d'origine européenne ou importés d'un pays hors d'Europe.	Produits d'origine extra-européenne ou importés des entrepôts d'Europe.
Maïs :		
En grains. 100 kilos. . .	3 fr.	6 60
En farine. 100 kilos. . .	5 »	8 60
Riz :		
En paille. 100 kilos. . .	3 »	6 60
En brisures. 100 kilos. .	6 »	9 60
Entier, en farine ou semoule. 100 kilos. . . .	8	11 60

Daris et millet:		
En grains. 100 kilos. . .	3 »	6 »
En farine. 100 kilos. . .	4 50	8 10

Les maïs, riz, blés durs employés à fabriquer l'amidon sec, en aiguilles et en marrons destiné au blanchissage, devaient être exempts de droits.

Le 19 mai l'exercice fut imposé aux raffineries de pétrole, érigées en entrepôts réels.

Les huiles brutes, importées pour être raffinées, furent pourvues de l'admission temporaire, et une fois raffinées, soumises au tarif spécial du 9 mai 1889, avec réexportation en franchise. Les huiles minérales brutes, importées pour le compte des raffineurs non soumis à l'exercice, durent payer les droits d'importation.

Il fut interdit de garder à l'usine un stock supérieur à 4.000 litres.

Le 4 juin, le 5 juin, nouveaux règlements sur la Ferme et la contrebande de l'opium.

Le 20 juin, défense d'exporter des riz et paddys par frontière de terre, à cause de l'insuffisance notoire de la récolte.

A ce moment fut publiée une circulaire du 25 mars 1891 expliquant le régime prescrit par les circulaires des 16 et 28 novembre 1887 du Service des Douanes pour l'exportation des sucres bruts ou raffinés à destination de l'Indo-Chine française et de la Martinique où l'importation des sucres étrangers est prohibée.

Ordre pour les fruits confits, bonbons et autres préparations au sucre, admissibles à la décharge des obligations d'admission temporaire, d'annoter leurs certificats (n° 7) comme les sucres mêmes déclarés à la sortie sous le régime de l'admission temporaire. « De cette manière les titres en question ne pourront « ensuite être imputés que sur des obligations de « sucres indigènes ou des colonies françaises. » Par suite le passavant créé au port d'embarquement pour accompagner la marchandise dans la colonie mentionnera que le sucre entré dans la préparation des produits était d'origine française.

Ordre de n'accepter les chocolats réclamant décharge d'acquits-à-caution de sucres admis temporairement, que s'ils sont faits de sucres indigènes ou des colonies françaises.

Le 12 août, exonération des droits de sortie fut accordée à des bois achetés dans la province de Thaï-nguyen par le gouverneur de la province chinoise du Quang-si.

Le 24 août fut promulguée la loi du 2 juillet 1891 abaissant jusqu'au 1er juin 1892 les droits d'entrée, sur les blés en grains et les farines de blé à 3 fr. par quintal de blé et 6 fr. par quintal de farine, et les élevant après le 1er juin 1892 à 5 fr. par quintal de blé et 8 fr. par quintal de farine, sauf mesure contraire prise d'ici là.

Tonkin. — Mouvement commercial général en 1891.

Le commerce général du Tonkin est représenté pour l'année 1891 par un mouvement de denrées et de marchandises d'une valeur totale de 59.635.009 fr. se répartissant comme suit :

IMPORTATIONS :

Marchandises venant directement de France. . . .	9.413.552 fr.
Numéraire — — . . .	4.829.241
Marchandises — de l'étranger. .	14.443.589
Numéraire — — . .	1.183.345
Marchandises venant de l'étranger par frontières de terre.	1.110 820
Marchandises venant des entrepôts.	156.070
— — des colonies françaises. . . .	35.269
TOTAL.	31.171.886 fr.

EXPORTATIONS :

Marchandises envoyées directement en France . .	572.827 fr.
— — à l'étranger. .	11.146.354
Numéraire envoyé directement à l'étranger. . . .	4.646.570
— à destination de la Cochinchine. . . .	2.450
TOTAL.	16.475.083 fr.

RÉEXPORTATIONS	Pour la France.	8.241 fr.
	Pour les colonies	»
	Pour l'étranger.	98.641
	TOTAL.	106.882 fr.

TRANSIT :

De Hong-Kong au Yunnan.	2.764.514 fr.
Du Yunnan à Hong-Kong.	2.232.144
TOTAL.	4.996 658 fr.

Entre Haïphong et la Cochinchine.	Marchandises.	1.593.898 fr.
	Numéraire . .	95.438
Entre Haïphong et l'Annam.	Marchandises. . .	1.150.473
	Numéraire	290.161
Entre la Cochinchine et Haïphong.	Marchandises.	713.838
	Numéraire . .	1.116.220
Entre l'Annam et Haïphong.	Marchandises. . .	784.769
	Numéraire	242.066
Entre Haïphong et les autres ports du Tonkin	Entrées. .	582.058
	Sorties . .	422.461
	TOTAL.	6.991.382 fr.

Soit un total général de 59.635.009, en augmentation de 11.094.369 sur le total obtenu pour l'année 1890, laquelle somme représente un peu moins du numéraire importé ou exporté (11.222.146) pendant l'exercice, comme on va le voir.

Numéraire.

Les mouvements du numéraire, conséquence du mouvement des marchandises et par suite du régime douanier qui le facilite, ou le contrarie, ont subi les variations suivantes, comparativement à 1890 :

		1891	1890
		—	—
IMPORTATIONS	de France . . .	4.829.241 fr.	6.002.580 fr.
	de Cochinchine.	1.116.220	1.601.624
	de l'Annam. . .	242.066	»
	de l'étranger. .	1.183.341	699.420
	TOTAUX. . . .	7.370.868 fr.	8.304.144 fr.

Soit une importation en moins de 933.276 francs en 1891.

		1891	1890
		—	—
EXPORTATIONS	pour la Cochinchine. . . .	95.438 fr.	641.688 fr.
	pour l'Annam .	290.161	»
	pour l'étranger.	4.646.570	4.976.356
	TOTAUX . . .	5.032.169 fr.	5.618.044 fr.

Soit une exportation en moins de 585.875.

Ces chiffres prouvent tout d'abord l'existence d'un

important courant d'affaires entre l'Annam et le Tonkin, et ensuite un ralentissement dans le fâcheux drainage de la piastre que nous signalions comme un danger en 1890.

Il y a encore d'autres remarques à faire. L'énorme différence de l'exportation de numéraire pour la Cochinchine en 1891 provient de la défense promulguée d'exporter les sapèques.

La différence très faible de l'exportation en numéraire pour l'étranger entre 1890 et 1891, provient des gros crédits que le marché de Hong-Kong avait faits au Tonkin à cause de la mauvaise récolte de 1890. (On se rappelle qu'il avait fallu interdire l'exportation des riz et paddys, pendant le second semestre de 1891.) De sorte que les grosses exportations de marchandises de 1891 n'ont pas réussi à balancer les avances faites en 1890. Enfin la spéculation sur l'argent continuait quand même, bien que moins dangereusement. Presque toutes les piastres dites lourdes ou de bon aloi, y compris celles que Paris frappe pour la Cochinchine, prenaient le chemin de la Chine. Il ne restait en circulation chez nous guère que les piastres mexicaines du plus faible titrage, des piastres exotiques sans contrôle, et une infinie quantité de monnaies divisionnaires depuis celles du Japon jusqu'à celles du Chili et du Pérou.

Examen détaillé.

IMPORTATIONS

La valeur des importations a atteint le chiffre de 25.159.300 francs, dont 9.430.262 fr. venant de France, et 15.729.038 fr. venant de l'étranger. Ces chiffres se décomposent ainsi :

Marchandises venant de France.	9.413.552 fr.
— — des colonies françaises. . . .	16.710 fr.
— — des entrepôts de France. . .	156.070 fr.
— — — des colonies. .	18.559 fr.
Marchandises venant de l'étranger par navires français	4.540.071 fr.
Marchandises venant de l'étranger par navires étrangers.	9.903.518 fr.
Marchandises venant de l'étranger par frontière de terre	1.110.820 fr.

Cela fait ressortir, pour les importations françaises une augmentation de 522.574 fr., bien faible, si l'on considère les merveilles que l'on attendait du régime protecteur ; pour les importations étrangères une augmentation de 3.832.052 fr., qui prouve avec quelle prudence il faut croire à l'efficacité des mesures prohibitives. Soit, sur l'ensemble, une différence de 6.478.823 francs en faveur de 1891 sur 1890.

Un examen détaillé nous éclairera mieux encore.

Animaux vivants. — Malgré l'exemption édictée le 9 mai 1889, diminution de 8.000 fr. par suite de l'impossibilité où se trouvèrent les provinces chinoises limitrophes de fournir au Tonkin les approvisionnements des années précédentes. Sur 10.000 bœufs consommés en moyenne, le pays en fournissait 1/3, l'Annam 1/5, la Chine le reste. Il avait fallu le tirer d'ailleurs, à plus grands frais, et la consommation s'en était trouvée restreinte.

Produits et dépouilles d'animaux. — En diminution de 65.000 fr. sur 1890, se décomposant en une baisse de 105.000 fr. sur les produits français (conserves de viandes, lait concentré, fromage, beurre) et une augmentation de 40.000 fr. sur les produits étrangers (surtout sur le lait concentré).

Produits de pêche.— En augmentation de 22.000 fr., dont 20.000 pour les produits français(sardines, etc.).

Farineux alimentaires. — Diminution totale de 184.000 fr. Les produits français ont monté de 126.000 fr., les étrangers baissé de 310.000 fr.

Effet des droits de Douane.

Nous y avons surtout gagné, nous Métropole, 1.418.000 kilos de farines contre 617.000 kilos en 1890; et 58.000 kilos de pâtes contre 6.000 en 1890.

L'étranger avait plus gagné que nous à la disette de 1890 en important à lui seul 476.000 fr. sur 836.000.

Denrées coloniales de consommation.—Diminution de 268.000 fr. sur 1890, pour le sucre et le tabac, due à la réduction de l'effectif du corps français d'occupation.

Huiles et sucs végétaux.— Diminution de 150.000 fr. sur 1890, décomposée en une augmentation de 47.000 fr. sur les huiles françaises et une baisse croissante dans l'importation de l'opium.

Pour en donner une idée, cette importation a été :

De 62.945 kilos en 1889.
32.727 kilos en 1890.
22.191 kilos en 1891.

conséquence du régime de la Ferme au Tonkin et de la Régie en Annam.

Teintures et tannins. — Aucune importation européenne. Tous les produits étrangers viennent de Chine. Le reste est fourni par le pays.

Pierres, terres et combustibles minéraux. — Diminution de 176.000 fr. sur les produits français, (ciments, plâtres et chaux), causée par l'arrêt des constructions.

Métaux. — Augmentation totale de 1.596.000 fr. dont 671.000 pour la France et 925.000 pour l'étranger.

Notre avantage a été grand sur les fers en barres et les fers à T et le plomb en saumons.

La cause en est le chemin de fer de Langson, les charbonnages de Hongay et l'établissement de quelques usines.

Produits chimiques. — Augmentation de 40.000 fr. sur 1890, dont 33.000 pour la France et 7.000 pour l'étranger. Nos avantages ont porté sur l'ammoniaque et la potasse.

Teintures préparées. — Diminution de 4.000 francs. Nous ne pouvons concurrencer les produits chinois, extrêmement bon marché et familiers aux indigènes. Les droits de Douane n'y peuvent rien.

Couleurs. — Diminution de 17.000 fr. pour la France, augmentation de 12.000 fr. pour l'étranger, malgré les droits. Ce sont les produits allemands qui nous éliminent par leur extrême bon marché. Nous n'avons guère vendu que de l'encre à écrire et quelques couleurs broyées.

Compositions diverses. — Augmentation de 44.500 fr. sur 1890, à l'actif des produits étrangers exclusivement : Savons et Parfumerie, 75.000 fr. contre 24.000 ; Savons ordinaires 48.000 contre 4.000 ; Bougies 55.000 contre 39.000.

Ces produits, asiatiques, en grande majorité, profitent toujours des bonnes récoltes.

Boissons. — Augmentation pour la France de 433.000 fr., diminution de 26.000 pour l'étranger.

Notre avantage a porté sur les vins, cidres, alcools et eaux minérales.

Poteries. — Augmentation de 94.000 fr., mais portant uniquement sur les produits étrangers à l'usage des Asiatiques. 27.000 fr. seulement d'articles de ménage sont venus de France.

Filés de coton. — L'importation française a été nulle en 1891. Les maisons qui avaient tenté l'essai en 1889 et 1890, avaient été obligées d'y renoncer et de réexporter en France leurs stocks invendus. Ce résultat est dû, moins à l'insuffisance de protection qu'au défaut de similitude des produits français avec ceux auxquels l'Annamite est habitué, et à leur prix trop élevé. Et cependant le Yunnan était ouvert par le Fleuve Rouge et le Quang-si allait l'être par le chemin de fer de Langson !

Voici les chiffres comparés :

	De France	De l'étranger
	—	—
Fils de coton écru n° 20.	»	3.675.000 fr.
— n° 40.	1.200 fr.	1.111.000
— à coudre.	612	22.000
— garnis d'or faux. . . .	»	5.000

Tissus. — Augmentation totale de 308.000 fr. sur 1890. Les importations françaises se sont maintenues à peu près au même taux : 562.940 fr. en 1890 et 562.035 en 1891. Les espérances que pouvait faire naître l'état des choses l'année précédente, n'avaient pas été réalisées.

Il est à remarquer toutefois que les importations françaises et étrangères de tissus de coton blanchi, et de tissus teints ont subi un accroissement considérable. Il est dû à l'aisance résultant d'une bonne récolte qui permet aux Asiatiques d'acheter des produits qu'ils savent parfaitement apprécier.

Papier et ses applications. — Augmentation totale de 147.000 fr. sur 1890, toute au profit des produits étrangers (chinois). L'importation française a baissé de 27.000 fr.

Ouvrages en métaux. — Augmentation considérable pour la France et pour l'étranger.

La France a importé	629.309 fr.	contre	399.600	en 1890
L'étranger —	787.308	—	101.400	—

Armes, poudres et munitions. — Augmentation totale de 54.000 fr. mais diminution de 16.000 fr. pour les produits français.

Les pétards chinois ont monté à 121.000 fr. C'est un article de luxe, qui prouve une fois de plus, que l'année 1891 avait été bonne pour les Annamites.

Meubles. — Diminution totale de 35.000 fr. dont 23.000 pour les importations françaises. La proximité de Hong-Kong et la fabrication annamite nous rendent la concurrence impossible, malgré les droits de Douane.

Ouvrages en matières diverses (carrosserie, agrès, tabletterie, etc.). Augmentation de 179.000 fr. sur 890, intéressant exclusivement l'étranger.

EXPORTATIONS

Le mouvement commercial des sorties a atteint le chiffre de 16.475.083 fr. contre 13.324.720 en 1890 et 15.373.596 en 1889.

Il se décompose comme il suit :

Produits du cru du pays pour :

La France	572.827	
Les colonies franç.	2.450	Les export. pour la Cochinchine sont portées au cabotage.
Pour l'étranger . .	15.792.292.40,	dont il faut déduire le numéraire décompté plus haut (4.646.570).

Marchandises françaises réexportées pour :

La France	7.851
Les colonies franç.	»
L'étranger	6.186

Marchandises étrangères réexportées pour :

La France	390	
Les colonies franç.	»	
L'étranger	92.445	(à cause des métaux non employés au Tonkin et réexportés).
Total	11.735.668	(déduction faite du numéraire.)

DÉTAIL

Animaux vivants. — Diminution de 32.000 fr. sur 1890 produite par le ralentissement de la vente des *porcs* : 5.675 vendus contre 8.732 en 1890.

Hoi-How (Haïnan) et Packoï en ont par contre envoyé des quantités considérables.

Produits et dépouilles d'animaux. — En augmentation totale de 375.000 fr. dont 271.000 pour la France et 104.000 pour l'étranger.

Les exportations de soie sont à signaler. Elles ont été :

En 1889	d'une valeur de	2.250.912
En 1890	—	2.614.452
En 1891	—	2.029.661

Malheureusement ces produits vont à Hong-Kong, où ils prennent l'étiquette de soie de Chine avant de partir pour l'Europe.

Cette industrie pourrait être développée, si elle était encouragée par des primes. Le Tonkin et l'Annam offrent des conditions hygiéniques parfaites à la sériciculture; ni *fiburine*, ni *muscardine*, ni *flacherie*. Les soies pourraient donc fournir à nos navires du fret de retour, si on modifiait le traitement annamite de la matière première, en régularisant la grosseur des fils, notamment.

Du reste la Chambre de Commerce de Haïphong a demandé le 5 novembre 1891 que l'Indo-Chine bénéficiât des primes accordées aux sériciculteurs de France par la loi du 13 juin 1891.

Produits de pêche. — Augmentation de 197.000 fr. sur 1890 qui elle-même dépassait d'autant 1889. Le tout est exporté en Chine. Il y a là une industrie d'avenir, grâce à ce gros consommateur. Il ne faudrait pas que la fiscalité vint l'entraver, sous prétexte que la pêche mobile, au large, est exclusivement exercée par les Chinois jusqu'à présent.

Farineux alimentaires. — Exportation de 7.295,000 fr. causée par une récolte très abondante. Les riz du Tonkin sont un peu supérieurs comme aliment, à ceux de la Cochinchine. Il y a là une valeur à exploiter ; malheureusement le fisc n'y a pas manqué en imposant des droits de sortie.

Denrées coloniales d'alimentation. — Diminution de 50.000 sur 1890. La France n'en achète pour ainsi dire pas, faute d'une production régulière et suffisante.

Huiles et sucs végétaux. — Diminution de 393.000 fr.

sur 1890, intéressant la badiane et l'huile à laquer.

Le développement de l'industrie indigène en est cause en partie. On en consomme sur place une énorme quantité.

Espèces médicinales. — En augmentation de 18.000 fr. sur 1890. La recherche des plantes médicinales fait vivre en partie les plus pauvres habitants des régions montagneuses.

Bois. — Il a été exporté :

1.181	tonnes de bois à construire.	
153	—	de teinture.
1.100	—	charbon de bois.
172	—	bois à porteur.
3	—	— odorants.

Bois, filaments, tiges à ouvrer. — Augmentation de 31.000 fr. sur 1890 qui, elle-même, dépassait 1889 de 187.000 fr. La différence portait sur :

290.000 kilos de coton;
323.000 — de textiles divers;
139.000 — de joncs et nattes;

Teintures et tanins. — Diminution de 168.000 fr. sur l'année 1890 qui, elle-même, était inférieure de 37.000 fr. à 1889.

Le cunao ou faux gambier figure pour 208.000 fr. La cause de ce déchet est l'insécurité des régions montagneuses où l'on récolte le tubercule cunao.

Pierres, terres et combustibles minéraux. — Il a été exporté 2.314 tonnes de charbon des mines du Tonkin. Hongay envoie à Hong-Kong. Kebao fournit la consommation locale. Il y a là une industrie d'avenir.

Métaux. — Il a été exporté 4.378 kilos de sulfure d'antimoine en France et 53.448 kilos à l'étranger. Trois usines sont en exploitation; 2.800 kilos d'étain se sont *infiltrés* du Yunnan.

Produits chimiques. — Il a été exporté 1.607 tonnes de sel marin, valant 144.000 fr., sans compter celui qui a été envoyé au Yunnan, en échange de l'étain, par contrebande. Augmentation de 70.000 fr. sur 1890 qui, elle-même, dépassait de 34.000 fr. 1889.

Compositions diverses. — Baisse de 150.000 fr. sur les amidons. Cette industrie souffre de la concurrence de Canton.

A signaler la faveur des savons produits au Tonkin et dégrevés par le gouvernement des droits de sortie.

Boissons. — La brasserie créée à Hanoï a exporté 513 hectolitres de ses produits.

Poteries. — L'industrie locale a exporté 33.000 kilos de poteries communes. Dégrevée des droits de sortie, elle pourrait arriver à supplanter les poteries ménagères chinoises et peut-être balancer les porcelaines communes de la Chine.

Papier. — Diminution de 12.000 fr. Une usine française est en construction à Hanoï.

Ouvrages de sparterie, vannerie. — La fabrique de Phat-Diem a exporté 33.000 kilos en France et 160.000 kilos à l'étranger, valant 75.000 fr. Elle peut rivaliser avec Canton.

Ouvrages en matières diverses. — Exportation de 80.000 fr. en objets de collection et curiosités. A signaler l'établissement d'une fabrique d'allumettes à Hanoï.

Transit. — Commerce avec le Yunnan.

La valeur des produits qui ont transité à travers le Tonkin, pour aller de Hong-Kong au Yunnan et vice-versa, a été de 4.996.658 fr. auxquels il faut ajouter 375.705 fr. de produits expédiés de Vinh à Hong-Kong par transbordement à Haïphong.

Le transit avec Langtcheou n'existait pas encore, faute de moyens.

Le transit avec le Laos n'a pas été continué. L'expérience de 1890 n'avait pas été encourageante.

Le commerce avec le Yunnan a été facilité de toutes les manières depuis 1889. Mais les produits qu'il peut nous renvoyer ou expédier à l'étranger sont surtout l'étain (19/20 de sa production). Il faudrait qu'il pût disposer des 4 ou 500 tonnes de cuivre qu'il extrait de ses mines et que le gouvernement chinois prend pour faire des sapèques, et nous vendre les 3 millions de taels d'opium qui composent l'excédent de sa consommation.

Plus tard, nos filés de coton sont appelés à trouver un débouché important au Quang-si, par suite de la supériorité de la route par Langson sur celle qui part de Pakkoï.

Ceci résulte d'un calcul précis.

Les déboursés de toute nature, tenant au fret, à l'assurance, au transbordement, aux droits de statistique, de docks, de transit, au transport par voie ferrée à Nacham, puis par eau à Langtcheou ou Nam-ning-fou, au droit de Douane à l'entrée en Chine, grèvent chaque balle de fils, valant 80 piastres, de 8 piastres 61.

Par Pakkoï elle est grevée de 11 piastres 41.

Il y a donc bien là un très important débouché pour notre industrie cotonnière quand le chemin de fer de Langson sera mis en exploitation.

CABOTAGE

Le mouvement du cabotage est chiffré par 5.247.497 fr., non compris le numéraire qui représente une valeur de 1.743.885 fr. La décomposition est ainsi faite :

POUR LES ENTRÉES.

Marchandises françaises reçues de l'Annam.	16.467 fr.
— — Cochinchine . .	366.686
— étrangères — l'Annam	89
— — Cochinchine . .	»
Marchandises du cru de l'Annam, en venant. . . .	768.213
— la Cochinchine, en venant.	347.152
Marchandises venant des ports du Tonkin à Haïphong	582.058
TOTAL. . . .	2.080.665 fr.

POUR LES SORTIES.

Marchandises françaises expédiées en Annam. . . .	164.770 fr.
— — en Cochinchine.	23.808
Marchandises étrangères expédiées en Annam. . .	93.075
— — en Cochinchine.	12.372
Marchandises du cru du Tonkin expédiées en Annam.	892.628
Marchandises du cru du Tonkin expédiées en Cochinchine.	1.557.718
Marchandises envoyées de Haïphong dans les autres ports du Tonkin.	422.461
TOTAL. . . .	3.161.832 fr

Résumé de situation à la fin de 1891.

La conclusion qui apparaît, après l'examen détaillé auquel nous venons de nous livrer, est que l'année 1891 a été certainement une des meilleures depuis l'établissement de notre Protectorat.

Mais cependant, il faut en reporter l'honneur à la bonne récolte de cette année, et ne pas perdre de vue que les tarifs douaniers, d'entrée et de sortie, n'ont pas donné les résultats mirifiques qu'on s'en promettait. Les droits protecteurs n'ont pas eu, pour nos importations, l'effet attendu; elles n'ont, ni gagné ce que l'étranger perdait, ni fait disparaître sa concurrence. Seul le consommateur les a vraiment sentis par le renchérissement de la vie. Quant aux droits de sortie, ils ont plutôt contrarié le développement des industries indigènes naissantes.

Le transit entre Hong-Kong et le Yunnan est resté à peu près stationnaire, parce que les mesures qui auraient pu le développer n'ont pas été prises.

Seul le cabotage entre le Tonkin et les autres pays de l'Indo-Chine a pris un développement croissant, malgré les taxes fiscales. Cela indique ce qu'il pourrait être si ces taxes étaient réduites au minimum. Le Protectorat n'y perdrait pas, au contraire, et le commerce tonkinois ou intercolonial y gagnerait énormément.

CHAPITRE IV

ÉTAT ACTUEL DU RÉGIME DOUANIER

§ 1

Année 1892.

Mouvement contre le régime douanier.

Ces résultats provoquèrent des mouvements d'opinion contraires reproduisant ce que nous avons déjà vu en 1887 et 1889.

L'industrie et le commerce français, se jugeant insuffisamment protégés, puisqu'ils n'avaient pu, en trois ans, expulser la concurrence étrangère et accaparer le marché indo-chinois, réclamèrent avec la plus pressante insistance de nouveaux droits plus efficaces ; le gouvernement du Protectorat continua à chercher dans les taxes douanières et les régies des moyens de subsistance, et les Chambres de Commerce de l'Indo-Chine réclamèrent avec la dernière énergie le traitement qui leur semblait convenir le mieux à leurs intérêts.

Chambre de commerce de Haïphong.

Un rapport de M. J. B. Malon, fait à la Chambre de Commerce de Haïphong, et approuvé à l'unanimité le 3 août 1891, résume avec une force et une clarté très grandes toute cette question. Il cite l'opinion du directeur des douanes du Tonkin :

Il faudrait,

« Pour l'Annam et le Tonkin, le maintien des droits « actuels sur les articles maintenus au tarif de Cochin- « chine, et le retour à l'ancien tarif *ad valorem* pour « le reste, y compris les exemptions actuelles.

« Il est à noter que l'ancien Tarif, dit aussi *tarif chi- « nois*, n'a jamais été l'objet, au point de vue du prin- « cipe, des critiques soulevées par l'application du « Tarif Général. Cela provient, sans aucun doute, « du mécanisme très compliqué du Tarif Général, que « les Asiatiques n'ont jamais pu s'assimiler, tandis « qu'ils sont très à leur aise avec celui « *ad valorem* », « qui leur permet de se rendre un compte exact, et par « avance, de la quotité des droits qu'ils ont à payer. Il « convient de dire qu'ils sont familiarisés avec ce « système de perception, parce qu'il existait depuis fort « longtemps en Annam et au Tonkin et qu'ils le « retrouvent en Chine. »

M. J. B. Malon concluait par ce projet de décret:

« Le Gouverneur général de l'Indo-Chine, après « avis de son conseil de Protectorat et des Chambres « de Commerce de la colonie, arrête les Tarifs d'oc- « troi de mer et de consommation sur les objets de « toute provenance, ainsi que les Tarifs de Douane « sur les produits étrangers, naturels ou fabriqués,

« importés dans la colonie. Les Tarifs de Douane, pour « tous produits étrangers dont les similaires existent « en France, ne seront pas inférieurs à 5 0/0 (cinq « pour cent) *ad valorem* : ils pourront aller jusqu'à la « prohibition si besoin est. Les Tarifs de Douane « arrêtés par le Gouverneur général sont rendus exé- « cutoires par décret du Président de la République, « le Conseil d'État entendu.

« Les marchandises importées de France et des « Colonies françaises ne sont assujetties à aucune taxe « de Douane à leur entrée en Indo-Chine, quelle que « soit la voie employée pour leur transport, à la con- « dition de justifier de l'origine des marchandises au « moyen de passavants de Douane, ou, à défaut, de « certificats d'origine délivrés par les autorités colo- « niales, ou encore, de toute autre manière précise « qui sera fixée par arrêté du Gouverneur général, sur « l'avis du directeur des Douanes. Les droits et im- « munités applicables aux produits originaires des « pays de Protectorat de l'Indo-Chine, importés en « France, sont fixés conformément au tableau E « annexé au rapport de M. Méline, colonne du régime « proposé par la Commission. Les conditions du « transport et la justification d'origine sont les « mêmes que celles exigées pour les marchandises « françaises importées en Indo-Chine.

« Les mesures d'exécution, les emplacements des « entrepôts fictifs, etc., seront arrêtés par le Gouver- « neur général. »

Une des nombreuses difficultés créées par le régime douanier avait été relevée par la chambre de commerce de Saïgon en 1888. Elle est topique et peut s'appliquer aussi à 1892.

Chambre de commerce de Saïgon.

« Le journal d'Haïphong, dans son numéro du « 26 juillet dernier, calculait que, si l'administration « du Tonkin avait fait ses adjudications dernières en « farine française au lieu de farine américaine ou « australienne, elle aurait dépensé 931.500 francs de « plus qu'elle n'a fait sur une fourniture de 954.900. « C'est à peu près 100 0/0. Les origines étant facultatives, on demanda dans les soumissions 62.88 pour « la farine française et 37.83 pour l'australienne et « l'américaine, dont 6 francs de droit; net 31 fr. 83.

« L'administration du Tonkin a dédaigné la pro- « tection pour sauver sa caisse ».

Nouveau régime douanier pour 1892.

Le gouvernement français répondit à ces protestations par la loi du 11 janvier 1892, dont quelques articles nous intéressent spécialement.

Art. 3. — Les droits et immunités applicables aux produits importés dans la Métropole des Colonies, des Possessions françaises et des Pays de Protectorat de l'Indo-Chine, sont fixés conformément au tableau E annexé à la présente loi.

Parag. 3. — Les produits étrangers importés dans les Colonies, les Possessions françaises et les Pays de Protectorat de l'Indo-Chine..., sont soumis aux mêmes droits que s'ils étaient importés en France.

Parag. 4. — Des décrets en forme de règlement d'administration publique, rendus sur le rapport du Ministre du Commerce, de l'Industrie et des Colonies, et après avis des Conseils Généraux ou Conseils d'administration des Colonies, détermineront les produits qui, par exception à la disposition qui précède, seront l'objet d'une tarification spéciale.

Art. 4.— Les Conseils Généraux et les Conseils d'Administration des Colonies pourront aussi prendre des délibérations pour demander des exceptions au Tarif de la Métropole. Ces délibérations seront soumises au Conseil d'Etat, et il sera statué sur elles dans la même forme que les Règlements d'Administration Publique prévus dans l'article précédent.

Art. 5. — Les produits originaires d'une Colonie française importés dans une autre Colonie française ne seront soumis à aucun droit de Douane.

Les produits étrangers importés d'une Colonie française dans une autre Colonie française ne seront soumis à aucun droit de Douane.

Les produits étrangers importés d'une Colonie française dans une autre Colonie française seront assujettis dans cette dernière au paiement de la différence entre les droits du Tarif local et ceux du Tarif de la colonie d'exportation.

Art. 10. — Le régime de l'admission temporaire est supprimé pour les fils de coton.

Les droits perçus temporairement à l'entrée des fils de coton destinés à la fabrication des tissus mélangés en soie et coton, des tissus de coton teints en fil, des tresses, lacets, mousselines, tulles, dentelles de coton pur ou mélangé de soie, et des guipures, seront partiellement remboursés à forfait, lors de l'exportation, dans les conditions suivantes :

L'exportateur déclarera le poids du coton de chaque numéro de fil simple ou retors entrant dans le tissu. Le remboursement partiel du droit portera sur le 60 0/0 des perceptions de Douane correspondant aux quantités de coton exportées.

Le remboursement partiel des droits sur les fils des numéros :

1 à 49 sera fait d'après les droits d'entrée du fil			n° 26.
50 à 99	—	—	n° 76.
100 à 149	—	—	n° 126.
150 et au-dessus	—	—	n° 171.

Le bénéfice du remboursement partiel des droits sera appliqué uniquement aux tissus désignés dans les catégories ci-dessus, contenant au moins 50 0/0 de coton en poids.

Art. 11. — L'article 2 de la loi du 8 juillet 1890 portant exemption des maïs, riz et blés durs employés à la fabrication de l'amidon sec en aiguilles et en marrons, est abrogé.

Art. 13 — ..... Sont maintenues en vigueur les facultés actuellement concédées en matière d'admission temporaire, en vertu de décisions antérieures à la présente loi, pour les produits suivants :

Métaux;

Sucres destinés au raffinage ou à la préparation des bonbons, fruits confits, etc;

Fer laminé et ouvrages en fer, ou en tôle, à galvaniser;

Fils dits de caret pour la fabrication des cordages et ficelles;

Huiles brutes de graines grasses;

Huile d'olive;

Plomb en masses brutes ou en saumons ;

Riz en grains, en brisures, et en paille;

Suif brut;

Tissus de laine, de lin ou de chanvre.

Zinc brut ou en saumons.

Art. 16. — Jusqu'au 1er juin 1892, les dispositions de la loi du 2 juillet 1891 seront maintenues, excepté pour les droits sur les farines, qui seront ainsi fixés à dater du 1er février 1892.

Farines au taux d'extraction	de 70 0/0 et au-dessus. . . .	fr. 6 »	les 100 kilos
	compris entre 70 et 60 0/0 . . .	7 20	—
	de 60 0/0 et au-dessous.	8 40	—

Régime applicable aux importations indo-chinoises.

Le tableau E, contenant le RÉGIME APPLICABLE aux produits importés des Colonies, Possessions françaises et Pays de Protectorat de l'Indo-Chine, est ainsi conçu :

Sucres, mélasses non destinées à la distillation . .	Droits du Tarif métropolitain.
Sirops et bonbons, biscuits sucrés	
Confitures et fruits confits au sucre et au miel . .	
Cacao	Moitié des droits du Tarif métropolitain.
Cacao broyé	
Chocolat	
Café en fève, torréfié, moulu	
Thé	
Poivre, piment, girofle, cannelle	
Cassia lignea, amomes, cardamomes.	
Muscades, macis et vanille.	
Produits non spécifiés ci-dessus, mais originaires des Colonies ou Possessions françaises . . .	Exempts.

PRODUITS D'ORIGINE ÉTRANGÈRE.

Importés de l'Agérie :

Après avoir été nationalisés dans la Colonie par le paiement du tarif métropolitain.	Exempts.
Après y avoir acquitté des taxes spéciales.	Différence entre les Tarifs algérien et métropolitain.
Ayant joui de la franchise en Algérie.	Droits du Tarif métropolitain.
Importés des autres Colonies ou Possessions françaises	Droit du Tarif métropolitain

Actes du gouverneur général.

A ces mesures générales, le gouvernement du Protectorat ajouta les mesures de détail suivantes :

Le 5 janvier, surtaxe de 15 cents par picul de 60 kilos sur les riz et paddys exportés.

Le 10 février, défense d'exporter chevaux et juments pour toute autre destination que les pays de l'Indo-Chine française.

Le 27 février, mesures pour approvisionner le Trésor de monnaies divisionnaires et les conserver dans la circulation locale.

Le 15 mars, abandon au Conseil municipal de Hanoï du produit pour 1892 des divers droits mis sur le commerce des armes à feu.

Le 1er avril, abrogation de la surtaxe de 10 cents mise le 5 janvier sur l'exportation des riz et paddys.

Le 16 mars, création de deux circonscriptions nouvelles pour percevoir l'impôt sur les barques de rivière.

Le 12 avril, modification dans un sens fiscal de l'arrêté du 21 novembre 1883 sur le pilotage dans le port de Haïphong ; création d'un poste de pilotes à Kébao.

Le 1er mai, substitution aux diverses taxes de phare, ancrage, balisage, quai, police de rivière et de rade, on ne peut plus gênantes et vexatoires, d'une taxe unique (puisqu'il en fallait une) de *tonnage*.

Les navires français paieraient désormais 0,01 par tonne de jauge et par voyage. Les navires étrangers paieraient désormais 0,10 par tonne de jauge et par voyage, avec faculté pour eux de s'abonner moyennement 0,40 par tonne de jauge et pour trois mois.

Les voiliers furent soumis à une taxe prélevée tous les quatre mois. Les navires entrant et sortant sur lest furent astreints à une taxe proportionnelle au nombre de tonnes de marchandises inférieur au 1/20 de leur jauge.

Furent exempts : les bâtiments de guerre, de plaisance, affrétés par l'Etat, sauf quand ils porteraient un chargement commercial, pour lequel, alors, ils paieraient le droit de tonnage.

Les navires entrés sur lest et emportant un chargement de charbon, furent exempts, si français, astreints, si étrangers, à une taxe réduite de 0,03 par voyage et tonne de jauge ou de 0,12 par trimestre à l'abonnement.

Les navires entrant chargés et repartant avec chargement exclusif de charbon ou de minerai furent exonérés à chaque voyage de la moitié du droit de tonnage. Les caboteurs ne payeraient le droit susdit qu'au premier port touché, dans les délais fixés. Les navires abonnés avaient libre accès partout sans nouvelle taxe.

Le 1er mai, un droit de Statistique fut imposé sur les bois, bambous, rotins et autres produits forestiers transportés par flottage dans l'intérieur du Tonkin, à raison de :

0.10	par mètre cube pour	bois d'ébénisterie ou essences fines.
0.05	—	bois durs de construction.
0.03	—	autres bois et charbons de bois.
0.03	—	pour bambous et rotins.

payables au premier bureau de Douanes rencontré sur l'arroyo.

Le 1er mai, l'autorité militaire du deuxième territoire fut autorisée à percevoir les droits de 5 0/0 à la sortie sur les bois exportés par le Song-ki-kong (rivière de Langson) et le Song-bang-giang (rivière de Caobang).

Le 10 mai, suspension provisoire des arrêtés du 12 avril sur le pilotage dans les ports de Haïphong et de Kébao.

Le 28 mai, arrêté sur les droits de sortie. Un tableau en fut dressé pour les produits bruts ou fabriqués de l'Annam et du Tonkin;

Quand ils étaient expédiés pour la France et les colonies françaises ou un des ports du Protectorat, ils ne payaient que les droits de Statistique, sauf s'ils étaient soumis à un régime spécial;

Le droit de Statistique était appliqué à ces mêmes produits cabotés, transités ou exportés par les frontières de terre.

Voici ce tableau :

Tableau des droits de sortie, modifiant celui du 6 juillet 1889.

Animaux vivants. — Droits de 20 fr. à 2 fr. par tête, sauf les volailles et le gibier qui payaient 5 fr. les 100 kilos et les animaux non dénommés 5 0/0 *ad valorem*, par 100 kilos.

Droit de Statistique de 0,03 cents.

Produits et dépouilles d'animaux — Droits de 5 fr. à 18 fr. par colis, quand les marchandises seraient emballées; de 1 fr. à 18 fr. par 1.000 kilos, quand elles seraient en vrac, sauf 5 0/0 *ad valorem* pour les viandes fraîches ou salées, les plumes de toute espèce, les produits non dénommés à l'état brut.

Produits de pêche. — De 0,50 par 100 kilos à 60 fr., sauf 5 0/0 *ad valorem* pour les cas imprévus.

Substances animales brutes. — 5 0/0 *ad valorem.*

Matières dures à tailler. — De 1 fr. à 200 par 100 k. (écailles de tortues, pangolins, etc.).

Farineux alimentaires -- De 1,50 à 4 fr. les 100 k. sauf les riz et paddys, soumis à un régime spécial, (et forcément, à cause des disettes possibles), et 5 0/0 *ad valorem* pour les cas imprévus.

Fruits et grains. — De 1 fr, à 12 fr., (noix d'arec sèches) par 100 kilos, sauf 5 0/0 ad valorem pour les fruits frais et les cas imprévus.

Denrées coloniales de consommation. — De 1 fr. à 10 fr. les 100 kilos, sauf 5 0/0 *ad valorem* pour les cas imprévus.

Huiles et sucs végétaux. — Depuis 1 fr. (huile à manger, à brûler, de ricin), jusqu'à 30 fr. (huiles à laquer), par 100 kilos, sauf 5 0/0 *ad valorem* pour les huiles aromatisées, les essences, et les cas non prévus.

Espèces médicinales. — 7 fr. les 100 kilos sur l'anis étoilé ou brisé ; et 5 0/0 *ad valorem* sur le reste.

Bois. — 1 fr. par 100 kilos pour le charbon de bois ; 5 0/0 *ad valorem* sur le reste.

Filaments, tiges et fruits à ouvrer. — De 1.50 à 4 fr. les 100 kilos, sauf 5 0/0 *ad valorem* sur les végétaux non prévus.

Teintures et tanins. — 1 fr. par 100 kilos sur le Cunao. Pour le reste 5 0/0 *ad valorem.*

Produits et déchets divers. — De 0,20 (varech) à 7 fr. (champignons indigènes), par 100 kilos, sauf 5 0/0 *ad valorem* pour les cas imprévus.

Pierres, terres et combustibles minéraux. — 3 0/0 *ad valorem* par 100 kilos sur les huiles, houilles, et 5 0/0 sur le reste.

Métaux. — 5 0/0 *ad valorem.*

Produits chimiques. — 0,20 par 100 kilos sur le sel marin ; 5 0/0 *ad valorem* sur les autres.

Teintures préparées. — De 2,50 à 12,50 par 100 kilos sur les indigos ; 5 0/0 ad valorem sur les autres.

Couleurs. — 5 0/0 *ad valorem.*

Compositions diverses. — De 0,60 (amidon), à 15 fr. (colle de poisson), sauf exemption pour les savons autres que de parfumerie, et 5 0/0 *ad valorem* pour les autres.

Boissons. — 5 0/0 *ad valorem.*

Poteries. — 1 fr., 1,50 pour les poteries non décorées et décorées ; 5 0/0 *ad valorem* pour le reste.

Verres et cristaux. — 5 0/0 *ad valorem,* sauf 8 fr. par 100 kilos sur les bouteilles vides.

Fils. — *Tissus.* 5 0/0 *ad valorem.*

Papiers et applications. — 5 0/0 *ad valorem*, sauf exemption pour le papier annamite et les livres.

Peaux et pelleteries ouvrées. — 5 0/0 *ad valorem.*

Ouvrages en métaux, armes annamites, pétards, artifices, meubles, ouvrages en bois non dénommés, instruments de musique, 5 0/0 *ad valorem.*

Ouvrages en sparterie, vannerie. De 0,50 (bambous) à 5 fr. (filets de pêche), sauf exemption pour les nattes en paille ou en jonc.

Ouvrages en matières diverses, (chapitre XXXIV). 5 0/0 *ad volerem*, sauf exemption pour les allumettes.

Le 28 mai remaniement des droits de navigation, ainsi réglés :

Barques de mer :

Mesurant	moins de 50 piculs, par barque	=	1 piastre	par an.
—	de 50 à 100 —	=	3	—
—	de 100 à 150 —	=	6	—
—	de 150 à 200 —	=	10	—

Au-dessus de 200 piculs, 10 piastres pour les 200 premiers piculs et 4 cents par picule de jauge, ensuite.

Les jonques de commerce arrivant au Tonkin furent soumises à ce droit ; avec faculté de ne payer que pour un trimestre, si elles ne faisaient qu'un voyage, et pour un semestre si elles cabotaient.

Le déplacement du Tonkin en Annam n'entraînait pas nouvelle taxe, à moins que le terme de la première ne fût expiré, auquel cas on payait au premier mouillage.

Les barques de pêche chinoises furent astreintes à payer le droit de pêche à la Cac ba et à s'y engager à acquitter les droits sur le poisson salé.

Le rayon des barques inscrites à la Cac ba allait aux côtes du Tonkin tout entières, et à celles de l'Annam, pour les provinces de Than-hoa et de Vinh.

Le 20 octobre, défense d'exporter chevaux et juments pour toute autre destination que l'Annam et le Tonkin.

Le 21 juillet, avait été signé un acte concédant la Ferme de l'opium pour l'Annam, du 1er octobre 1892 au 31 décembre 1900, moyennant :

250.000 piastres pour le dernier trimestre de 1892;
100.000 — pour les années 1893-94-95;
125.000 — — 1896-97;
150.000 — — 1898-99 et 1900.

Exemption des droits de Douane sur l'opium, les écorces d'opium et les détritus d'opium fumés; mais soumission aux formalités douanières et aux droits de Statistique.

Le 6 octobre, un règlement complémentaire fut édicté contre la contrebande de l'opium.

Le 5 décembre, nouvelles prescriptions minutieuses, vexatoires contre les Chinois, établis ou venant s'établir au Tonkin.

Le 9 décembre, les magasins généraux de Haïphong furent attribués au Protectorat, et les taxes perçues modifiées comme il suit :

Accostage.

Les taxes d'accostage sont *entièrement supprimées* pour les *navires venant de France.* Pour les navires venant de l'étranger, elles sont réduites de 1 fr. 20 à 0,20 cents par tonne ou m. c. de marchandise débarquée ou embarquée.

Droits uniformes.

Les droits uniformes sont réduits de 10 à 2 cents par colis.

Droits de magasinage.

Les droits de magasinage sont uniformément réduits de 50 0/0.

Manipulation.

Le désarrimage et la mise à quai sont réduits de 1 fr. 50 à 12 cents. La mise en magasin est fixée à 20 cents, au lieu de 25 cents.

La sortie des magasins et la mise à quai sont réduites de 25 cents, à 15 cents.

De plus, le délai de franchise de magasinage, accordé aux marchandises débarquées des navires qui accostent aux appontements, est porté de trois à douze jours.

Art. 5. — Le Service des Douanes, étant substitué à la Société des Docks, assurera l'entretien des bâtiments affectés aux Magasins centraux, des passerelles et appontements, des clôtures, de la voie ferrée et de son matériel roulant.

Art. 7. — Pour les taxes d'accostage et les opérations prévues à la 1re section (matériel et transit), aux paragraphes 1, 2, et 3 de la 1re section (approvisionnements), de l'article 23 ci-dessus désignés, les services administratifs auront la faculté de demander à bénéficier des tarifs appliqués aux opérations de même nature, dans les Magasins généraux, par le Service des Douanes ou son entrepreneur agréé.

Les résultats de ces diverses mesures sont mis en lumière par le tableau du commerce extérieur total du Tonkin et de l'Annam qu'il nous faut reprendre ici.

ANNAM

Tableau du commerce extérieur en 1892.

Le commerce extérieur de l'Annam s'est élevé à 8.185.166 fr. 56, contre 7.375.820 fr. en 1891.

Pour l'année 1892, ce chiffre se décompose en :

Importations	4.671.478 fr. 52
Exportation	3.513.688 fr. 04

Mais, dans le mouvement total du commerce entrent encore d'autres éléments. En voici la nomenclature complète avec les valeurs représentées par chacun d'eux.

Importations françaises.	254.352 fr.	»
— des colonies françaises .	1.557	20
— étrangères	4.415.569	32
Total.	4.671.478	52
Exportations pour la France.	69.396 fr.	40
— pour les colonies français.	»	
— pour l'étranger.	3.444.291	64
Total.	3.513.688	04

Cabotage pour Saïgon, descente . . .	2.416.881 fr. 60
— — montée . . .	2.370.876 52
Total	4.787.758 12
Cabotage avec le Tonkin, montée . .	1.212.379 98
— — descente . .	1.628.173 36
Total.	2.840.553 34
Cabotage avec les ports de l'Annam.	
A l'aller	3.537.816 80
Au retour.	1.937.174 71
Total.	5.474.991 51
Total général	21.288.469 fr. 53
Dont il faut déduire : Numéraire. . .	2.406.063 »
Reste net. . . .	18.882.406 53

Soit une augmentation de 4.074.943 fr. 37 sur le chiffre du mouvement commercial de 1891, non compris le numéraire.

DÉTAIL DES IMPORTATIONS

Les 4.671.478 fr. 52 de l'importation se divisent en 254.352 fr. pour la part de la France, et 4.415.569 fr. 32 pour celle de l'étranger.

En voici le détail plus explicite :

Importations de France	254.352 »
— des colonies françaises.	1.557 20
— de l'étranger sous pavillon français.	263.720 44
— par navires étrangers.	4.151.842 88

Les importations françaises, malgré les droits protecteurs, ne représentent que 5 1/2 0/0 du total des achats faits au dehors par l'Annam. Elles sont insignifiantes en présence de l'énorme chiffre des étrangères, 4.671.478 fr. 52, en augmentation de 463.396 fr. 40 sur l'année 1891.

Deux des produits français les plus protégés par le régime douanier, les filés de coton et les tissus, ont à peu près disparu du marché de l'Annam, accaparé par les étrangers, qui y ont vendu pour 335.460 fr. de tissus de coton, et pour 1.759.028 fr. de cotons filés. Le n° 20 anglais continue à être extrêmement demandé. Nos meilleures ventes ont été :

Boissons.	60.428
Papiers	14.196
Ouvrages en métaux . . .	44.120
Tissus de laine	4.856
Confections	9.108

Ces chiffres sont lamentablement faibles à côté de ceux de l'étranger dont le plus petit est 10.888 fr. pour les saindoux !

La fabrication étrangère a donc victorieusement tenu tête aux tarifs protecteurs en Annam, et notre industrie, comme notre commerce, n'y ont absolument rien gagné, bien qu'ils les aient réclamés à cor et à cris.

DÉTAIL DES EXPORTATIONS

Françaises. — L'exportation pour la France ne figure que pour 69.896 fr. Les bourres de soie prennent à elles seules 43.400 fr.

Étrangères. — La presque totalité des produits annamites file sur Hong-kong et Singapour. Les exportations de ces côtés atteignent un total de 3.444.291 fr. 64.

Les porcs y figurent pour 116.000 fr. Les soies grèges et les bourres ont subi une baisse très sensible : 304.792 francs au lieu de 439.000 en 1890. La France n'en a acheté que pour 43.400 francs. Les plus hauts chiffres ont été obtenus par les sucres, 1.820.856 fr., la cannelle, 1.467.500, les monnaies, 807.568, les riz et paddys, 297.780, le sel marin, 264.000, et le cunao, 112.924.

A remarquer le chiffre très bas des ventes de sel marin, par suite de l'impôt, et le chiffre très élevé des exportations de monnaies, qui prouve l'état rudimentaire du commerce, annamite, obligé de payer en argent ce qu'il a achète, faute de marchandises ou de produits naturels en quantité suffisante. Il avait été exporté 844.812 francs de sel en 1891.

CABOTAGE

L'Annam, placé entre la Cochinchine et le Tonkin, (Saïgon et Haïphong), et n'ayant pas encore assez de moyens, dépend de ses voisins, malgré le service direct établi entre Tourane et Hong-Kong. Aussi, le cabotage y absorbe-t-il la plus grosse part du commerce.

Il se chiffre par 13.103.302 fr, 97, sur quoi le numéraire seul représente une valeur de 1.464.988 fr.

Ce gros mouvement se décompose ainsi :

Pour les entrées.

Marchandises :	Francs
Françaises reçues de Cochinchine	222.820 16
— reçues du Tonkin.	190.197 70
Etrangères reçues de Cochinchine	1.696.185 75

Etrangères reçues du Tonkin	881.876 45
Du cru de la Cochinchine	391.870 61
— du Tonkin	556.099 21
Provenant d'autres ports de l'Annam. . . .	1.937.174 71
TOTAL des importations par cabotage. .	5.936.224 59
A déduire	1.825.943 » de numéraire.
RESTE NET.	4.810.281 59

On remarquera combien le rôle intermédiaire de la Cochinchine et du Tonkin est marqué nettement par les gros chiffres de leur importation et, en même temps, combien le trafic employait pour son usage le service direct de Tourane à Hong-kong.

Pour les sorties.

Marchandises :	Francs
Françaises expédiées en Cochinchine . . .	2.292 50
— expédiées au Tonkin	5.922 »
Etrangères expédiées en Cochinchine . . .	21.014 35
— expédiées au Tonkin	37.133 25
Du cru de la colonie expédiées en Cochinchine.	2.393.574 75
Du cru de la colonie expédiées au Tonkin.	1.212.379 98
Expédiées dans les autres ports de l'Annam.	3.537.816 80
TOTAL	7.167.078 28
A déduire	339.045 » de numéraire.
RESTE NET	6.828.033 38

La force d'attraction de la Cochinchine sur l'Annam est prouvée par le chiffre du cabotage :

Importation.	2.370.876 52
Exportation.	2.416.881 60
TOTAL	4.787.758 12

Observations.

Le détail de ces importations et exportations est fort intéressant par les données qu'il fournit sur le commerce intercolonial de notre Indo-Chine, et sur les ressources de l'Annam, en même temps qu'il suggère des réflexions peu favorables au régime douanier, quand on les confronte avec le décompte des ventes et achats de la France et de l'étranger.

Principaux articles importés d'Annam en Cochinchine :

Huiles de pétrole.	41.636	francs
Boissons et liqueurs.	97.629	—
Poteries et porcelaines	42.000	—
Cotons filés.	56.000	—
Tissus de toutes sortes	414 400	—
Papiers et leurs applications	72,016	—
Animaux vivants.	61.519	—
Produits et dépouilles d'animaux . .	843.136	—
Produits de pêche.	278.778	—
Noix d'arec.	56.500	—
Tourteaux d'arachides.	108 934	—
Tissus de soie.	107.226	—
Ouvrages en sparterie et vannerie . .	27.506	—
Sucre.	683.861	—

La suppression des demi-droits sur les produits expédiés à Saïgon a donné au commerce dans cette direction un développement considérable. On s'est plaint que quantité de marchandises prissent cette voie détournée pour aller à meilleur compte sur Singapour et Hong-Kong, parce que l'exportation était libre en Cochinchine. N'est-ce pas la critique la plus frappante qu'on pût faire de ces droits de sortie, absolument malencontreux quand ils sont appliqués à des pays neufs, obligés avant tout, pour se développer, de payer le moins cher possible l'outillage qu'ils ne produisent pas, au moyen des denrées naturelles ou fabriquées, tirées de leur cru et sur lesquelles leur bénéfice, minime forcément, ne peut être appréciable que si aucun frais accessoire ne vient leur enlever une partie de leur valeur nette ?

Le chiffre du cabotage avec le Tonkin monte à :

Importations . . . . fr.	1.628.173 36
Exportations	1.212.379 98
Total.	2.840.553 34

chiffre qui prouve que c'est bien au régime de la franchise douanière qu'est due la prospérité du cabotage sur Saïgon.

Les principaux articles importés sont :

Riz et paddy	144.116 fr.
Boissons	81.777
Filés coton	467.341
Tissus de toute sorte	250.733
Papier et ses applications.	108.000
Ouvrages en métaux.	131.306

Les droits de consommation (accise), mis par le gouvernement du Protectorat sur les allumettes, le tabac, les cigares, cigarettes, pétroles, schistes, huiles minérales d'éclairage par arrêté du 1er mars 1892; sur le sel (la bête de somme, toujours!) par arrêté du 28 mai 1892; de nouveau sur les allumettes, le 5 décembre 1892, ont nui au commerce auquel donnaient lieu ces diverses denrées, sans que le préjudice ainsi causé fût réparé d'autre part par un sensible accroissement des recettes du Trésor.

Pour terminer, ajoutons que, pour suppléer à l'insuffisance des transports maritimes, rares, et d'un prix trop élevé, un *étranger* a installé un service de vapeurs régulier qui rend grands services et profits appréciables.

La Statistique du Service douanier donne encore un gros chiffre pour le petit cabotage par jonques indigènes. Mais elle avoue elle-même qu'on ne peut se fier à ses totaux. Cependant on peut en inférer qu'il prendrait un énorme développement, grâce aux aptitudes des Annamites, sans les règlements minutieux qui les étouffent, et leur seyent autant que des escarpins à un sauvage habitué à marcher pieds nus.

TONKIN

Mouvement commercial général.

Le commerce général du Tonkin est représenté en 1892 par une valeur de 71.289.513 fr., ainsi décomposée :

IMPORTATIONS

Marchandises venant directement de France. . . .	8.420.247fr.
— — des colonies . .	73.365
— — de l'étranger . .	18.548.005

Marchandises venant par frontières de terre . . .	379.841
— — des entrepôts.	1.011.314
En numéraire	5.105.961
TOTAL.	28.432.772 fr. (sans le numéraire)

EXPORTATIONS

Marchandises envoyées directement en France. .	420.221 fr.
— — aux colonies françaises.	»
— — à l'étranger.	10.315.629
En numéraire	3.765.457
TOTAL.	10.735.850 fr. (sans le numéraire)

RÉEXPORTATIONS

Pour la France.	13.028 fr.
Pour les colonies.	40
Pour l'étranger.	102.108
TOTAL.	115.176 fr.

TRANSIT

De Hong-Kong au Yunnan	4.990.033 fr.
Du Yunnan à Hong Kong.	3.182.287
De Vinh à Hong Kong.	296.014
De Hong-Kong à Vinh.	800
De Hong-Kong à Lang-tchéou.	161
De Vinh en France	6.242
De Vinh à Hong Kong (numéraire)	51.756
TOTAL.	8.527.593 fr. et 8.475.837 sans le numéraire

CABOTAGE

Entre Haïphong et la Cochinchine.	Marchandises.	740.799 fr.
	Numéraire . .	Néant
Entre Haïphong et l'Annam.	Marchandises. . .	1.392.768
	Numéraire	215.525
Entre la Cochinchine et Haïphong.	Marchandises.	687.588
	Numéraire . .	9.002.299
Entre l'Annam et Haïphong.	Marchandises. . .	1.226.847
	Numéraire	19.934
Entre Haïphong et les autres ports du Tonkin	Entrées. .	649.018
	Sorties . .	671.956
	Total.	14.606.704 fr.

Le total général s'élève à 71.289.513 fr. *en y comprenant le numéraire.* Alors ce chiffre global fait ressortir un avantage de 11.278.799 sur le total de 1891 et laisse supposer un développement de prospérité commerciale graduel d'année en année, et continu, sous le meilleur des régimes douaniers. Mais si l'on soustrait :

5.105.961 fr.	de numéraire importé.
3.765.457	de numéraire exporté.
215.525	de num. envoyé de Haïphong en Annam.
9.002.299	— de Cochinchine à Haïphong.
19.934	— d'Annam à Haïphong.
51.756	— de Vinh à Hong-Kong.
Total. 18.160.932 fr.,	

il ne reste plus qu'un total général de 53.128.581 fr. calculé comme tous les autres totaux généraux du commerce extérieur que nous avons cités, sauf celui de 1891, qui, réduit lui aussi de 11.222.146 par la soustraction du numéraire, tomberait à 48.412.873, chiffre de 1890 très peu différent de ceux de 1889 et de 1887.

En d'autres termes, cette réduction rend aux chiffres leur vraie valeur et aux raisonnements qu'ils fondent un peu plus de solidité. Elle permet de juger quels ont été les effets exacts, dans l'ensemble, et de la politique douanière imposée par la Métropole, et des diverses inventions fiscales auxquelles la mauvaise assise de notre politique coloniale a réduit tous les Résidents ou Gouverneurs Généraux.

D'autant mieux que, spécialement pour le numéraire, le mouvement de 1892 l'emporte de 6 millions sur 1891, par 18.160.932 contre 12.403.037, et que cela révèle un agio on ne peut plus dangereux pour la stabilité de la valeur de la piastre, par suite pour la sécurité des transactions commerciales, et aussi pour l'équilibre des budgets coloniaux. Cet avilissement continu de l'argent est loin d'être un présage de bonheur et un signe de prospérité, comme on le croirait, si on ne voyait que la brutale augmentation du chiffre du commerce extérieur par l'intrusion du numéraire.

Plus que jamais l'étude détaillée des chiffres est nécessaire.

EXAMEN DÉTAILLÉ

Importations.

Les importations ont atteint le chiffre de 28.432.772 fr, décomposé en :

8.493.612 fr. venant de France ou des colonies françaises, et 19.939.160 fr. venant de l'étranger, dont voici une analyse plus précise :

Importations de France.		8.420.247 fr.
—	des colonies françaises.	73.365
—	des entrepôts de France.	1.011.314
—	de l'étranger par navires français. .	3.414.768
—	— par navires étrangers.	15.133.237
—	par frontières de terre.	379.841

L'ensemble des importations est en augmentation de 3.273.472 fr.; mais les importations françaises prises en bloc, avec le numéraire, sont en diminution de 936.650 sur celles de 1891, bien qu'il ait été importé, en 1892, beaucoup moins de numéraire qu'en 1891 : 3.839.756 (1892) et 4.829.241 (1891). (La différence est de 989.485 fr. de ce seul chef). Il faut donc supprimer cet élément d'erreur. La soustraction faite, les importations françaises restent encore *inférieures* de 99.965 fr. à celles de 1891.

Quant aux importations étrangères, elles sont en augmentation de 4.210.122 fr. sur 1891.

L'effet des tarifs protecteurs semble donc continuer à être une diminution dans nos ventes et un accroissement dans celles de nos concurrents étrangers, en même temps qu'un renchérissement consécutif de la vie. Dès maintenant les plaintes de M. J.-B. Malon et ses conclusions, semblent fondées.

Voyons dans le détail.

Animaux vivants. — Augmentation de 31.041 fr. sur 1891. Mais la France n'en a que 120 fr. L'étranger a le reste avec 129.503 contre 98.582 en 1891.

Produits et dépouilles d'animaux. — Augmentation totale de 152.859 fr. sur 1891, répartie entre la France pour 54.442 fr. et l'étranger pour 98.417. Le *lait concentré* français continuait à perdre des acheteurs.

Produits de pêche. — Augmentation de 24.582 fr.

sur 1891, portant pour 5.617 fr.sur les produits français, et pour 18.965 sur les étrangers (conserves de poissons, homards, venant de l'Amérique du Nord).

Farineux alimentaires. — Augmentation totale de 565.247 fr. mais exclusivement pour les étrangers.

Pour la France, diminution de 112.820 fr. sur les farines, dont il est entré pour 417.603 fr. au lieu de 542.858 fr. en 1891. Voici le décompte : 865 tonnes de farines françaises, 703 tonnes de farine fabriquée en France avec des blés étrangers admis temporairement, et 1.334 tonnes de farines d'Australie et d'Amérique, ayant acquitté 126.000 fr. de droits d'entrée.

Ainsi la protection n'a servi de rien. Les farines étrangères, admises temporairement et réexportées, ou exportées directement, l'emportent et de beaucoup (2.037 tonnes contre 865), sur nos expédition nationales.

Denrées coloniales de consommation. — En augmentation de 106.091 fr. répartie entre la France 68.218 fr. et l'étranger 37.873. Notre infériorité a porté sur les tabacs et les cafés, malgré les droits protecteurs.

Huiles et sucs végétaux. — Augmentation de 16.902 fr. pour l'importation française (huiles fines, pures, essences de térébentine), et de 596.250 fr. pour l'étrangère, due surtout aux opiums de Benarès et du Yunnan.

Marbres, pierres et combustibles minéraux. — Augmentation totale de 915.241 fr., dont 269.645 pour l'importation française, portant sur les ciments, dont le marché nous appartient.

Le pétrole et la houille ont avantagé les étrangers de 645.596 fr.

Métaux. — Augmentation de 215.629 pour l'importation française, portant sur les tôles laminées, découpées et non découpées, le fer-blanc, les fils de fer, l'acier en barres et en tôles, surtout les rails (419 520 contre 14.200 en 1891), et le zinc laminé.

L'étranger a perdu 763.188 fr. sur les aciers en barre et les rails, l'étain en saumons, les tôles laminées, etc.

Remarque d'une importance capitale. Cette prépondérance de nos fers est due bien moins aux tarifs protecteurs qu'au frêt très bon marché de la Compagnie Nationale, qui fait des voyages libres.

Produits chimiques. — Augmentation de 20.552 fr. pour la France et de 8.928 fr. pour l'étranger, portant surtout sur les acides.

Teintures préparées. — Augmentation de 20.300 fr., portant surtout sur les teintures d'aniline sèche vendues par l'étranger.

Couleurs. — Augmentation de 51.434 fr. sur les produits français (outremer, encre à écrire, ocre broyé, couleurs à l'huile, couleurs non dénommées), et de 19.378 fr. sur les marchandises étrangères (couleurs broyées à l'huile, encre de Chine).

Boissons. — Diminution de 683.500 fr. sur les produits français, portant surtout sur les vins, alcools, et eaux minérales; augmentation de 35.181 fr. sur les produits étrangers, intéressant la bière, les vins, le vermouth, pendant qu'une baisse sensible affectait là aussi les alcools.

Filés. — L'importation française en filés de coton est nulle. Les 7.564 fr. qu'elle donne intéressent seulement les fils de coton à coudre et quelques fils de chanvre. Effet *inattendu* des droits protecteurs enlevés par M. Waddington et l'industrie rouennaise, et application peu agréable du *sic vos non vobis.*

Les étrangers gagnent 1.347.585 sur 1891, répartis ainsi :

	1892	1891
Coton filé n° 20 . . . . fr.	4.871.322	3.675.460 »
— n° 40.	1.255.157	1.111.266 »
Fil à coudre (coton)	29.967	22.506 »

Tissus. — Augmentation totale de 769.061 fr. sur 1891, répartie entre la France, pour 265.877 fr., et l'étranger, pour 503.184 fr.

Nos plus forts chiffres sont fournis par les tissus de drap et de coton blanchis. Mais l'étranger nous dépasse de loin avec 1.555.590 contre 830.040! Presque le double de notre trafic, malgré les droits protecteurs!

Papier et ses applications. — En augmentation totale de 154.995 fr. sur 1891, répartie entre la France pour 113.924, et l'étranger pour 41.071.

Peaux et pelleteries ouvrées. — Augmentation de 103.097 sur 1891, dont 91.057 pour la France et 12.040 pour l'étranger.

Ouvrages en métaux. — Importation totale de 1.509.000, déduction faite du numéraire, dont 975.000 pour la France, contre 774.000 en 1891, et 54.300 pour l'étranger, contre 941.000 en 1891.

A noter l'entrée de quelques machines pour les usines à papier et les fabriques d'allumettes construites dans le courant de l'année.

Armes et munitions. — Augmentation de 172.818, exclusivement pour les marchandises étrangères. A noter 186.000 fr. de pétards chinois contre 121.000 en 1891, ce qui prouve que la récolte avait été bonne et laissait aux Annamites du superflu.

EXPORTATIONS

Le mouvement commercial des sorties, déduction faite du numéraire, et aussi des réexportations, qui figureraient ainsi deux fois, s'est chiffré par 10.735.850, en diminution notable sur 1891.

Elle a porté surtout sur le numéraire dont il est sorti 880.000 fr. de moins qu'en 1891, ce qui s'explique en partie par la baisse des importations, et aussi par le paiement, en 1891, de dettes contractées avec la Chine et l'étranger en 1890.

Les diminutions de près de 1 million sur la soie ont aussi causé une notable dépression sur les sorties. Le plus haut chiffre atteint a été 2.250.912 fr. en 1889. Il est à espérer que les mesures protectionnistes dont il a été parlé plus haut, aideront la soie à reprendre une nombreuse clientèle.

Ce déchet est, du reste, dû aux inondations et à une série de mauvais temps qui ont ruiné les élevages.

L'exportation des porcs a encore baissé : 3.623 têtes contre 5.675 en 1891.

Produits de pêche. — Diminution de 63.415 fr. sur 1891, à cause des troubles survenus à la Cacba.

Farineux alimentaires. — Diminution totale de 237.237 fr. causée surtout par le riz, dont une grande partie, exportée en France, a fermenté, par suite de sa richesse saccharine et alcoolique, et a dû être jetée à la mer, ce qui a naturellement effrayé les acheteurs. A noter l'extension de la production des légumes secs.

Denrées coloniales de consommation. — Augmentation de 14.999 fr. dont 1.200 pour la vente en France et 13.700 pour l'envoi en Chine. La France a surtout acheté des confitures au sucre, la Chine des amomes et cardamomes.

Huiles et sucs végétaux. — Augmentation de 5.000 fr. pour les envois en France, de 127.000 pour ceux faits en Chine. A noter les excellents résultats des exploitations de benjoin et de stick-laque dans les forêts du pays.

Espèces médicinales. — Diminution de 4.564 fr.

Filaments, tiges et fruits à ouvrer. — Augmentation de 18.399 fr. sur 1891.

Les plantations européennes de coton ne sont qu'à leurs débuts. Une filature de coton est en construction. Elle absorbera une bonne partie de ce produit, malgré la faveur dont il jouit en Chine pour le ouatage des vêtements d'hiver.

Teintures et tannins. — Diminution de 87.557 fr. portant surtout sur le Cunao, à cause de l'insécurité des régions montagneuses où ce tubercule est récolté.

Marbres, pierres, terres, combustibles minéraux. — La mine de Honghay a donné une augmentation de 245.000 fr. pour 36.825 tonnes de plus qu'en 1891, dont 2.500 ont été expédiées en France. Kebao alimente les chaloupes du Protectorat. L'extraction totale pour les deux mines est de 80.000 tonnes.

Produits chimiques. — Diminution de 140.000 fr. sur le sel. Les causes en sont trop connues.

Tissus. — Diminution de 19.293 fr. sur 1891.

Compositions diverses. — Augmentation de 7.000 fr portant sur l'amidon et les épices préparées.

TRANSIT. — COMMERCE AVEC LE YUNNAN.

La valeur des produits qui ont transité à travers le Tonkin, pour aller de Hong-Kong au Yunnan, et *vice versa*, est de 8.172.620, auxquels il faut ajouter les produits expédiés en France et à Hong-Kong, de Vinh, avec transbordement à Haïphong.

Augmentation très-sensible et on ne peut plus favorable au développement du Tonkin.

Le tableau suivant en fera comprendre toute l'importance.

	De Hong-Kong au Yunnan	Du Yunnan à Hong-Kong	De Hong-Kong à Langtcheou	De Hong-Kong à Vinh	De Vinh à Hong-Kong	De Vinh en France
1889	510.596	377.776	»	»	176.822	»
1890	3.392.812	1.692.628	»	»	236.491	»
1891	2.764.514	2.232.144	»	»	329.725	»
1892	4.990.333	3.182.287	161	800	347.770	6.242

Il a été, entre autres, transité pour 3.077.188 fr. d'étain en saumons, du Yunnan à Hong-Kong, contre 2.164.584, en 1891, et 3.302.984 fr. de cotons filés, de Hong-Kong au Yunnan, contre 1.473.602 en 1891.

Le développement du Transit par le Fleuve Rouge a été puissamment aidé par les escortes armées données aux convois de marchandises, par les études décisives d'hydrographie faites par le lieutenant de vaisseau Escande, remonté jusqu'à Lao Kay avec une canonnière, et par l'autorisation très-intelligemment donnée aux jonques chinoises de Manghao de trafiquer directement sur notre territoire. Ce résultat indique quelle serait la bonne politique à adopter envers les Chinois établis chez nous.

A noter que la différence entre les entrées et les sorties est de près de 2 millions, au détriment des sorties du Yunnan. Ce commerce est tout entier aux mains des Chinois, qui fournissent là une preuve nouvelle de leur légendaire habileté commerciale, et des services qu'ils pourraient rendre à qui les manierait avec le doigté voulu. On ne peut que souhaiter qu'une ligne ferrée relie Lao-Kay, Manghao, Mongtze, Linan-fou, et Yunnan-fou, pour nous ouvrir au large le Yunnan ; et que, d'autre part, la voie ferrée de Langson soit poussée jusqu'à Nachan, sur le Song-Ki-Kong, pour nous ouvrir le Quang-si.

CABOTAGE

Le mouvement du cabotage se chiffre par une valeur de 5.368.946 fr., non compris le numéraire, qui représente une valeur de 9.237.758 fr. Le résultat est inférieur de 1.460.087.38 au chiffre de 6.828.033,38 en 1891.

Il se décompose ainsi :

Pour les entrées.

Marchandises françaises reçues de l'Annam.		5.611 fr.
—	— de Cochinchine. . .	371.664 »
—	étrangères reçues de l'Annam	» »

Marchandises étrangères reçues de la Cochinchine.	» »
— du cru de la colonie reçues de l'Annam	1.221.236 »
Marchandises du cru de la colonie reçues de la Cochinchine	315.894 »
— Entrées à Haïphong venant des autres ports du Tonkin	649.018 »
TOTAL	2.563.423 fr.

Pour les sorties.

Marchandises françaises expédiées en Annam	159.604 »
— — en Cochinchine.	18.096 »
— étrangères expédiées en Annam	93.114 »
— — en Cochinchine.	7.612 »
Marchandises du cru du Tonkin expédiées en Annam	1.140.050 »
— — en Cochinchine.	715.091 »
Marchandises sortant de Haïphong pour les autres ports du Tonkin	671.956 »
TOTAL	2.805.523 fr.

Nous n'avons rien à ajouter aux conclusions que nous avons indiquées précédemment à propos du cabotage annamite.

Voici, d'ailleurs, comment le mouvement se décompose :

ENTRÉES			
PROVENANCE des chargements et désignation des navires.	Nombre de bâtiments.	Tonnage	Valeurs des chargements en francs
Venant de l'Annam et de Saïgon :			
Par chaloupes françaises. . .	70	7.465	181.816
— Jonques :			
indigènes	1.715	13.344	515.428
chinoises	4	207	13.005
Par courriers français. . . .	Porté aux import.	Porté aux importat.	1.204.156
Venant du Tonkin :			
Par chaloupes françaises . .	145	14.500	237.582
— jonques chinoises.	782	30.931	190.909
Par jonques indigènes . . .	2.200	24.856	220.527
Totaux.	4.916	111.687	2.563.423

SORTIES			
Pour l'Annam et Saïgon :			
Par Chaloupes françaises . .	72	7.615	294.475
— Jonques :			
— indigènes.	1.243	28.684	480.951
— chinoises	4	207	19.000
Par courrier français.	Porté aux exportat.	Porté aux exportat.	1.331.416
Par bateau battant pavillon allemand	1	674	7.725
Pour le Tonkin :			
Par chaloupes françaises. .	146	14.600	96.992
— jonques chinoises.	85	29.764	344.858
Par jonques indigènes . . .	2.066	22.618	230.166
Totaux.	4.318	104.162	2.805.523

Recettes douanières.

Les recettes douanières ont naturellement subi un mouvement ascensionnel. Puisque le mouvement du commerce extérieur a surtout consisté en une augmentation des importations étrangères, l'élévation des tarifs a dû forcément enrichir le trésor du Protectorat.

Voici le tableau d'ensemble depuis le moment où les Statistiques de Douane ont été dressées avec détails et méthode. Il est malheureux que la numération en ait été faite en piastres. Les variations incessantes de cette monnaie, la plus capricieuse de toutes, parce qu'elle est la plus agiotée, empêchent d'essayer de fixer les idées en réduisant la somme en francs. Chaque année demanderait l'établissement d'une moyenne spéciale, et cet établissement, compliqué en lui-même, n'offrirait pas une suffisante certitude.

Nous ajouterons aux droits d'Importation, d'Exportation, de Statistique, de Transit, les droits de Phare et d'Ancrage, de Navigation, le Droit Uniforme, et les droits établis par les arrêtés locaux du 31 août 1890 et du 1er mai 1892, dont l'ensemble constitue le Régime Douanier de l'Indo-Chine en général, et du Protectorat Annam-Tonkin en particulier.

Tableau comparatif des recettes douanières des années 1889, 1890, 1891, 1892.

DROITS PERÇUS	1889	1890	1891	1892
	Piastres.			
Importation	480.690.22	306.563.99	444.595.67	581.342.86
Exportation :				
Marchand. diverses. .	»	»	»	143.610 78
Riz et paddy.	250.083 57	91.064 59	241.319 28	138.486 90
Phare et ancrage . . .	18.938 61	7.390 06	15.668 18	10.091 59
Transit.	5.239 60	13.631 80	20.853 45	31.289 94
Navigation.	21.139 19	25.261 15	18.142 91	20.771 45
Droit uniforme	4.664 14	4.569 82	6.888 27	7.827 83
Droit résultant de :				
1° l'arr. du 31 août 1890.	»	1.024 07	4.272 61	5.912 48
2° l'arr. du 1er mai 1892.	»	»	»	1.170 36
Statistique	42.790 74	18.005 12	21.888 28	38.474 22
TOTAUX	823.546 07	467.510 60	773.628 65	978.958 41

Sans tenir compte, ni des droits de consommation mis sur divers objets, ni des recettes accidentelles, ni des amendes et transactions.

En ne retenant que les droits d'importation et d'exportation, le calcul en francs donnait pour 1888 une somme totale de 3.663.113 fr.

Essayons, pour avoir une approximation qui permette de juger tant bien que mal par comparaison, d'évaluer en francs les 978.958 piastres 41 cents. des recettes purement douanières de 1892.

La piastre a valu successivement pendant cette

année (où un arrêté du 8 février 1892 a mis à la charge du Protectorat les pertes, en lui attribuant les bénéfices, résultant des variations du taux de la piastre):

3fr.60 (arrêté du 30 avril 1892).
4 » — 29 juin 1892).
3 60 — 28 juillet 1892).
3 55 — 28 octobre 1892).
3 50 — 28 novembre 1892).
3 45 — 26 décembre 1892).

La moyenne donne 3 fr. 616 et une fraction périodique simple par 6 (3,62 adopté). Le produit est 3.543.829 fr. 44.

Le produit de 1888, calculé d'après les données fournies par la Statistique officielle dressée par le Service des Douanes, avait été de 3.663.113 fr. 59. Il est vrai que la piastre avait été calculée au taux de 4 fr.

Mais ce résultat sensiblement identique, rapproché du peu de différence que nous avons déjà constaté dans les totaux du commerce extérieur depuis l'inauguration du régime douanier, corrobore fortement les conclusions déjà plusieurs fois suggérées au sujet de l'inefficacité du régime des tarifs, et pour la métropole, et pour la caisse du Protectorat.

Voici d'ailleurs deux tableaux synoptiques qui permettront de condenser les impressions recueillies au cours de cette longue étude.

Le premier contient le relevé des mouvements du commerce extérieur du Tonkin, excepté le Numéraire, le Transit, le Cabotage local et les Réexportations, c'est-à-dire en ne tenant compte que des Importations et des Exportations, qu'on avait eues en vue principalement, quand on avait doté l'Indo-Chine française du régime douanier.

Le second contient le tableau des exportations des produits du cru du Tonkin et est destiné à prouver qu'à côté de son rôle intermédiaire entre les pays riverains du Pacifique et la Chine centrale ou méridionale, le Tonkin peut remplir celui de fournisseur direct, et n'est pas moins intéressant pour nous de ce côté que de l'autre.

Tonkin. — Relevé des mouvements du commerce extérieur non compris le Numéraire, le Transit, le Cabotage local et les Réexportations.

Les chiffres sont en francs et centimes.

(Voir dans le corps de cette étude les totaux généraux calculés pour chaque année, d'après les documents officiels. Le présent tableau est emprunté au *Rapport général sur les statistiques des douanes pour* 1892, imprimé à Hanoï en 1893.)

ANNÉES	DE FRANCE ET DES COLONIES FRANÇAISES	DE L'ÉTRANGER	DE L'ANNAM ET DE LA COCHINCHINE	TOTAL	POUR FRANCE ET COLONIES FRANÇAISES	POUR L'ÉTRANGER	POUR L'ANNAM ET LA COCHINCHINE	TOTAL	TOTAL GÉNÉRAL DU COMMERCE EXTÉRIEUR
1884	2.015.763	7.126.304	83.622	9.225.689	79.483	541.147	102.332	722.962	9.918.731
1885	3.421.610	14.667.087	402.003	18.490.700	49.713	593.287	78.066	721.071	19.211.771
1886	4.654.829	18.220.173	494.969	23.369.971	65.206	605.879	55.146	726.231	24.096.206
1887	7.328.127	20.824.664	672.976	28.825.767	82.175	335.476	190.763	608.414	29.434.181
1888	6.521.408	17.479.220	6.190.192	30.190.820	164.228	6.586.848	2.587.676	9.338.752	39.529.572
1889	6.574.572	17.170.312	2.420.776	26.165.660	477.444	10.161.564	3.248.084	13.887.012	40.052.672
1890	8.907.688	11.896.984	de l'Annam seulement 1.129.020	21.933.692	1.700.052	5.321.564	P. l'Annam seulement 117.876	7.139.488	29.073.180
1891	9.604.491	15.554.409	2.856.893	28.016.193	583.518	11.146.254	3.129.970	19.605.053	42.765.935
1892	9.504.926	18.927.846	1.914.405	30.347.177	420.221	10.315.629	2.133.567	12.869.417	43.216.594

Observations.

Le premier prouve qu'en six ans (1886-1892), les importations françaises se sont élevées de 4.654.829 fr. à 9.504.926, c'est-à-dire pas tout à fait du simple au double, malgré la série de mesures législatives destinées à faire, du Tonkin surtout, un marché français; que, pendant le même temps, les importations étrangères, surtout à partir du 1er Tarif (1887), ont constamment fléchi, sauf depuis l'application d'un nouveau tarif plus sévère (1892). Cette année-là, en effet, les importations remontent et dépassent légèrement le chiffre de 1886 (18.927.846 contre 18.220.173).

Malgré tout, donc, nous vendons, nous Métropole, à la Colonie dont nous avons prétendu nous réserver l'exploitation exclusive, environ la moitié de ce que lui apportent les concurrents que nous nous flattions d'évincer en les forçant à établir des prix inabordables.

De plus, l'effet, assez inattendu, du premier Tarif a été d'égaler presque, en 1888, nos importations métropolitaines à celles de l'Annam et de la Cochinchine.

Si nous prenons les totaux des importations, nous trouvons, pour ces six mêmes années, des oscillations assez dures de 23 369.971 (1886), à 30.347.177 (1892), avec, parfois, des écarts annuels de 4 millions en moins, très sensibles quand on opère sur d'aussi petits chiffres.

La colonne des exportations nous apprend que nous avons acheté, en 1892, dix fois plus de denrées au Tonkin qu'en 1886; mais la Cochinchine et l'Annam

TABLEAU DES EXPORTATIONS DES PROD RU DE LA COLONIE DE 1889 A 1892.

D'après la statist ielle de 1892.

Les chiffres sont en francs et centimes.

PRODUITS	EXPORTATIONS POUR LA FRAN				PORTATIONS POUR L'ÉTRANGER				TOTAUX			
	1889	1890	1891	18	89	1890	1891	1892	1889	1890	1891	1892
Animaux vivants	»	»	»	»	0.008	175.080	143.691	76.847	30 008	175.080	143.694	76.847
Produits et dépouilles d'animaux	165.864	164.760	325 245	87.	0.500	1.527.616	1.632.314	1.127.184	2.346.384	1.692.376	2.067.559	1.215.135
Produits de pêche	»	»	»	»	3.148	238.660	435.416	372.001	43.148	238.660	435.416	372.001
Substances brutes propres à la médecine	»	»	»	»	»	»	»	15	»	»	»	15
Matières dures à tailler	1.404	»	85		0.124	48.940	43.297	30.278	61.528	48.940	43.382	30.593
Farineux alimentaires	»	.	248	70.	.644	1.175.552	7.295.619	6.988.584	6.294.644	1.175.552	7.295.867	7.058.630
Fruits et graines	80	240	»	121.	9.372	2.280	10.646	962	89.452	2.520	10.646	122.582
Denrées coloniales de consommation	96	500	812	2.	4.548	116.208	65.064	78.840	24.644	116.708	65.876	80.875
Huiles et sucs végétaux	182.476	163.000	18.564	23.	1.320	502.884	254.547	381.364	543.796	666.784	273.111	404.897
Espèces médicinales	»	»	»		1.164	30.660	48.474	43.110	61.164	30.660	48.474	43.910
Bois	»	»	620	»	3.684	90.768	70.628	68.371	43.684	95.768	71.248	68.371
Filaments, fruits, tiges à ouvrer	800	»	250		7.072	354.160	384.836	403.094	167.872	354.160	385.086	403.485
Teintures et tannins	28	»	40		3.128	376.180	208.848	121.323	413.156	376.180	208.888	121.331
Produits et déchets divers	»	»	1.561		6.092	56.620	57.841	22.859	36.092	56.620	59.402	22.924
Pierres, terres et combustibles minéraux	»	»	96		464	11.648	62.125	307.148	464	11.648	62.225	307.237
Métaux	»	»	1.820	3.	1.032	340.360	57.572	57.813	81.032	340.360	59.392	60.965
Produits chimiques	»	»	»	»	0.734	68.260	144.044	3.859	110.784	68.260	144.044	3.859
Teintures préparées	500	»	»	»	»	»	»	»	500	»	»	»
Couleurs	»	»	»	»	»	»	»	»	»	»	»	»
Compositions diverses	»	320	»	»	4.884	92.948	24.363	31.058	54.884	93.268	24.363	31.058
Boissons	»	»	»	»	5.776	15.500	19.683	35.581	5.776	15.500	19.683	35.626
Poteries	»	»	»	»	3.092	7.600	8.961	6.800	3.092	7.000	8.961	6.800
Pierres et cristaux	»	»	80		»	10.204	»	989	»	10.204	80	1.189
Fils	»	»	»	»	»	80	8	»	»	80	8	»
Tissus	2.452	1.640	616	1.	8.320	51.908	49.028	28.574	30.772	53.548	49.644	29.735
Papiers et ses applications	4.628	»	34		5.208	20.012	8.470	3.885	19.836	20.012	8.504	3.920
Peaux et pelleteries ouvrées	1.720	»	80	2.	»	»	1.428	58	1.720	»	1.508	2.724
Ouvrages en métaux et machines	1.452	»	580		9.672	4.900.736	4.663.570	3.768.077	4.471.124	4.900.736	4.664.150	3.768.569
Armes, poudres et munitions	»	»	»	»	»	»	»	»	»	»	»	»
Meubles	7.612	»	6.952	5.	»	»	380	339	7.612	»	7.332	5.647
Ouvrages en bois	3.936	4.940	5.742		9.016	14.980	17.178	7.234	12.952	19.920	22.916	7.795
Instruments de musique	»	60	»		»	»	624	»	»	60	624	6
Ouvrages de sparterie, vannerie, etc.	28	800	15.624	8.	5.436	21.524	79.093	101.753	15.464	22.324	94.717	110.277
Ouvrages en matières diverses	57.144	357.820	83.778	91.	0.692	41.548	5.181	13.086	87.836	399.368	38.959	104.304
TOTAUX	430.240	694.980	572.827	420.	.180	10.297.916	15.792.924	14.081.086	15.059.420	10.992.896	16.365.751	14.501.307
A déduire numéraire	»	»	»		7.628	4.976.356	4.646.570	3.765.457	4.467.628	4.976.356	4.645.570	3.765.457
TOTAUX	430 240	694.980	572.827	420.	1.552	5.321.560	11.146.354	10.315.629	10.591.792	6.016.540	11.719.181	10.735.850
A ajouter :												
Marchand. à destination des colonies françaises.	47.428	1.580 780	2.450		»	»	»	»	47.428	1.580.780	2.450	»
— françaises et étrangères réexportées.	266.779	109.356	106.882	115.	»	»	»	»	266.779	109.356	106.882	115.176
TOTAUX GÉNÉRAUX	744.447	2.385.116	682.159	535.	1.552	5.321.560	11.146.354	10.315.629	10.905.999	7.706.676	11.828.513	10.851.026

nous dépassent de bien loin, tout en restant très inférieurs à l'étranger, aux Chinois et aux Anglais surtout.

Enfin si nous comparons le dernier résultat 12.869.417 fr. d'exportations en 1892, avec le tableau des exportations du cru de la colonie, 10.735.850, nous obtenons le dernier élément qui nous manquait pour conclure à la condamnation du système douanier frappant les produits manufacturés que nous ne pouvons ou ne voulons produire, malgré le besoin qu'en ont les indigènes, de droits exorbitants, et frappant encore de taxes de sortie les denrées naturelles ou transformées par l'industrie locale, à l'aide desquelles les indigènes pourraient alléger, par échange, les charges que leur impose la nécessité de payer en numéraire la différence spécifique des produits.

§ 2

Année 1893

Mouvement contre le régime douanier de 1892.

Le Conseil colonial de Cochinchine avait, dès le mois de mai 1892, pris l'initiative des plaintes contre ce système qui n'avait pour conséquence que de faire hausser les prix de toutes les denrées aux Colonies et d'enrayer leur développement, qui pourtant s'opérait malgré tout, mais trop lentement. Sur l'avis du Ministre du Commerce et de l'Industrie, le Conseil d'État entendu, le Président de la République donna satisfaction à ces réclamations en promulgant, en décembre 1892, les dispositions suivantes, valables à partir du 1er janvier 1893.

Modifications. — 1er janvier 1893.

Article 1er.—Les exceptions au Tarif des Douanes, en ce qui concerne les produits importés en Indo-Chine, sont fixées conformément au tableau annexé au présent décret.

Art. 2. — Les taxes indiquées au susdit décret forment une tarification unique qui se substitue aux droits du Tarif général et du Tarif minimum.

Art. 3. — Les surtaxes d'entrepôt établies par l'article 2 de la loi du 11 janvier 1892 et les tableaux C et D annexés à ladite loi ne sont pas perçues en Indo-Chine.

Art. 4. — Les produits de la vallée du Mékong et de ses affluents, autres que le poivre, introduits en Indo-Chine par le fleuve, sont exempts de droits.

Art. 5. — Les produits spéciaux taxés à un taux supérieur à celui du Tarif métropolitain, payent intégralement les droits prévus par le Tarif spécial, déduction faite des droits qu'ils ont acquittés en France, en Algérie ou dans les colonies assimilées.

Art. 6. — *Il est accordé une détaxe de* 80 0/0, *sur les droits d'importation, pour les marchandises étrangères transitant à travers l'Indo-Chine française. Le mode de perception des droits de Transit est réglé par arrêté du Gouverneur général.*

Art. 7. — Les produits étrangers débarquant à Saïgon, Tourane, Haïphong, Hongay, peuvent être admis au bénéfice de l'entrepôt fictif dans les locaux agréés par la Douane.

Les mouvements dans les entrepôts ne sont autorisés que pour les quantités d'une même marchandise comportant un droit minimum de 150 francs à l'entrée ou de 50 francs à la sortie, sans qu'on puisse fractionner un colis.

Des arrêtés du Gouverneur général de l'Indo-Chine détermineront les garanties à exiger des entrepositaires. La durée de l'entrepôt fictif ne peut excéder une année.

Des entrepôts réels peuvent être établis par l'administration locale. Il sera pourvu à leur réglementation par des decrets ultérieurs, et, provisoirement, par des arrêtés du Gouverneur général.

Art. 8. — Sont abrogés les décrets du 8 septembre 1887 et du 9 mai 1889 relatifs au Régime Douanier de l'Indo-Chine.

Tableau des nouveaux tarifs.

PRODUITS	UNITÉS TAXÉES	DROITS
Animaux vivants		Exempts
Produits et dépouilles d'animaux		
Viandes fraiches	»	Exemptes
Jambons chinois		14 fr.
Volailles mortes, pigeons morts	100 kilos	10 fr.
Gibier mort, tortues mortes	—	10 fr.
Nids d'hirondelles	—	100 fr.
Œufs de volailles, de gibier, frais et conservés	—	Exempts
Charcuterie chinoise	—	—
Lait frais	—	—
Produits de pêche		Exempts
Farineux alimentaires		Exempts
Fruits et graines de toutes sortes.		
Fruits de table secs, frais ou tapés chinois		Exempts
Graines à ensemencer	—	Exemptes
Noix d'arec fraîches	100 kilos	6 fr.
Noix d'arec sèches	—	12 fr.
Opium brut ou préparé		Prohibé
Denrées coloniales de consommation.		
Sucres étrangers	100 kilos.	prohibés.
Sucre noir (galette chinoise)	—	8
Café	—	1/2 droits du Tarif Métrop.
Amomes et cardamomes	—	—
Thé	—	30 fr.
Résidus de thé	—	exempts.
Tabacs, cigares, cigarettes de la Havane	100 kilos.	500 fr.
Tabacs d'autres provenances	—	250
— chinois à fumer ou priser	—	5
Bétel	—	15
Espèces médicinales	*ad valorem.*	10 0/0
Bois		exempts.

PRODUITS	UNITÉS TAXÉES	DROITS
Filaments, tiges, fruits à ouvrer.		exempts.
Produits et déchets divers. . . .		exempts.
Ail	100 kilos.	8 fr.
Vins parfumés asiatiques.	hectolitre.	20
Pierres de construction ouvrées ou non.		exemptes.
Toutes les huiles minérales . . .	100 kilos.	4
Sauces asiatiques		exemptes.
Médicaments asiatiques	*ad valorem.*	10 0/0
Jossticks (bougies de culte). . .	100 kilos.	15 fr.
Colle de poisson.	—	exempts.
Poterie ordinaire, asiatique. . .	100 k.	1
Faïences.	—	2 50
Sacs de jute neufs ou vieux. . .	—	exempts.
Tissus de soie asiatiques	100 kilos.	100 fr.
Broderies	—	400
Broderie à la main, mécanique, sur coton, laine, lin, chanvre asiatique	—	50
Couvertures chinoises	—	25
Vêtements asiatiques de soie, non brodés	—	150
Vâtements asiatiques de soie. brodés	—	500
Papier chinois	100 kilos.	8
Papier destiné au culte		exempt.
Eventails, parapluies, ombrelles en papier, etc	100 kilos.	10 fr.
Albums à images ou images de Chine ou du Japon	—	10
Cartes à jouer asiatiques ou autres.	—	100
Cuirs chinois.	—	5
Souliers chinois	—	5
Malles et oreillers de Canton. .	—	10
Bourses de cuir de Chine et autres articles de cuir, asiatiques.	—	10
Outils chinois.	—	10
Coutellerie d'origine asiatique. .	—	10

PRODUITS	UNITÉS TAXÉES	DROITS
Plateaux, services à chiquer et à fumer asiatiques en métal. .	—	10
Crochets de moustiquaire, boutons de cuivre	—	10
Lampes et lanternes chinoises .	—	5
Poudre et cartouches chargées .	*ad valorem.*	10 0/0
Artifices et pétards asiatiques. .	100 kilos.	10
Meubles en bambou et bois ordinaire asiatiques	—	5
Meubles en bois sculpté et incrusté asiatiques.	—	20
Sabots chinois	—	2 50
Ouvrages en bois asiatiques . .	—	8
Articles laqués de Chine ou du Japon.	—	0 20
Instruments de musique asiatiques	100 kilos.	10
Bottes et souliers asiatiques en paille	—	5
Chapeaux asiatiques en écorce paille, jonc, rotin, crin	—	5
Cordages en rotin.	—	2 50
Sacs en paille pour emballage .	—	2 50
Nattes de Chine	—	3
Tabletterie asiatique	—	10
Eventails en plume ou étoffe, asiatiques	—	10
Eventails en feuilles de palmier.	—	5
— en ivoire, nacre, écaille, asiatiques	—	25
Boutons chinois et japonais. . .	—	10
Jouets asiatiques, pinceaux chinois à écrire	—	10
Bottes et souliers chinois brodés ou non.	100 paires.	10
Bourses asiatiques, pousse-pousse.	100 k. et la pièce	10
Coques de bâtiments en fer ou acier	100 kilos.	30

Observations.

Les Statistiques officielles des douanes pour 1893 n'ont pas encore été publiées. Nous ne pouvons donc juger quel a été l'effet du nouveau régime douanier dans le Protectorat Annam-Tonkin.

Nous pouvons seulement conjecturer d'après les nombreux droits d'accise sur les *allumettes*, le *tabac*, le *pétrole*, etc., que nous avons eu l'occasion d'énumérer, d'après les droits d'importation qui restent imposés, malgré toutes les réclamations des intéressés, sur des produits que ne nous ne saurions concurrencer, comme *jambons chinois*, *noix d'arec*, *sucre noir ou galette chinoise*, *tabac chinois*, *vins parfumés asiatiques* etc. etc.; d'après les droits de sortie dont nous avons donné la nomenclature, que la même politique a très probablement donné des résultats identiques à ceux que nous avons déjà tant de fois relevés et que cette fois encore l'Indo-Chine française, et principalement le Protectorat Annam-Tonkin, n'ont pas obtenu le régime qu'ils souhaitent et considèrent comme nécessaire à leur développement.

Création d'usines dans le Protectorat.

Disons toutefois, pour terminer, que le Régime Douanier a eu une conséquence probablement imprévue de ses auteurs et dont nous avons déjà parlé. L'Annam et le Tonkin ne pouvant plus se procurer à des prix acceptables les objets manufacturés dont ils ont besoin, et, d'autre part, obligés d'augmenter le coût de leurs produits agricoles, forestiers, miniers saliniers, etc., pour satisfaire au Tarif de sortie, ont enfin pris l'excellente résolution de fournir eux-mêmes à leurs nécessités, en transformant chez eux leurs denrées en marchandises. La fabrique de nattes de Phat-Diem de médicaments de Nam-dinh etc., etc. ont trouvé des imitateurs. Une tannerie fonctionne à Haïphong depuis 1889; il a été créé une usine pour le sulfure d'antimoine, une usine à papier, une brasserie. A Hanoï un négociant a fondé une grande filature de soie et de coton à laquelle tout permet de présager une prompte et brillante réussite.

Ainsi se trouvera réalisé, par des moyens absolument contraires à ceux qu'il préconisait et qu'il eût mis en œuvre, le programme colonial tracé par Paul Bert dans sa proclamation aux Annamites :

« Les Français sont vos frères aînés; ils amélioreront votre situation industrielle et économique... Nos peuples ne sont pas faits pour se combattre, mais pour travailler ensemble et se compléter l'un par l'autre. »

Opinions hostiles au régime douanier en Indo-Chine.

La même opinion a été émise au Congrès colonial national de Paris le 17 décembre 1889, à la sixième section, au sujet des effets de l'application du régime douanier en Indo-Chine.

Un de nos principaux négociants importateurs aux colonies a dit :

« Il ne faut pas considérer l'expansion coloniale d'un « point de vue étroit. Nous avons le tort en France, « chaque fois que l'on parle de commerce lointain, de « nous demander exclusivement: Que pouvons-nous « y vendre ? Et parce que nous ne trouvons pas le pla-

« cement de nos calicots ou de notre quincaillerie, « nous préjugeons de suite que le pays est sans inté- « rêt pour nous. Un commerce d'outre-mer se fait « de toutes pièces; si nous n'y vendons pas, nous « pouvons y acheter des produits utiles à la vie ou à « l'industrie de la métropole. Le Tonkin sera riche « en produits du sol quand on le voudra.

« Il y a peu de points en Asie qui se prêtent aussi « bien à l'industrie que le Tonkin : le charbon, les « cours d'eau y sont abondants. La soie peut se produire « dans toute la contrée; le coton y vient très bien; il « y a des minerais de toute sorte. L'industrie pourra « donner l'existence, la fortune, à nos ingénieurs, à « nos contremaîtres, aux employés, etc.

« Et enfin, il faut considérer le placement avanta- « geux des capitaux : voilà aujourd'hui un grand « article d'exportation. L'Angleterre en use à plaisir, « et, c'est grâce au placement avantageux de ses capi- « taux en pays d'outre-mer, que l'Angleterre retrouve « sa balance du commerce, qui lui échappe chaque « jour de plus en plus.

« C'est grâce au rendement d'intérêts double, triple, « quadruple de celui de la Métropole, que l'Angleterre « a pu vaillamment traverser la crise économique qui « vient de frapper le monde entier.

« Voilà ce que nous devons chercher dans l'expan- « sion commerciale qui est en ce moment la préoccu- « pation de nos hommes les plus sages et les plus « avisés. Mais pour son succès, il faut la liberté com- « merciale absolue. »

M. Richaud, dans son rapport du 3 novembre 1888, nous avait soumis une appréciation analogue.

« Des considérations impérieuses de tout ordre

« exigeaient l'établissement d'un Tarif protecteur en « Indo-Chine, il faut bien le reconnaître.

« Mais un Tarif spécial, très simple, d'une applica- « tion peu compliquée, ne frappant que les produits « importés habituellement en Indo-Chine, et pour « lesquels la protection était réclamée par l'indus- « trie nationale, aurait été beaucoup mieux appro- « prié aux exigences du commerce local et de la « consommation, et n'aurait entravé que dans la pro- « portion inévitable la marche progressive du com- « merce de la Colonie.

« La protection était nécessaire sur les fers, les « ouvrages en métaux, les peaux ouvrées, les fils, « les tissus, les papiers, les bimbeloteries. Les droits « sur presque tous les autres articles n'ont qu'un « caractère fiscal, injustifiable, puisque c'est dans un « but purement protecteur qu'a été établi le tarif « douanier de l'Indo-Chine. »

Le mot de la fin nous est fourni par Seeley (*Expansion coloniale de l'Angleterre*) à propos des causes qui ont amené l'émancipation des colonies de l'Amérique du Nord; il est cité par le colonel Baille (*Transformation du Transwaal*, page 31) :

« On réclamait peu, mais ce peu était injuste. On « donnait la liberté en tout, sauf sur un point, le « commerce; et sur ce dernier point, on intervenait « pour exploiter les colons au profit des commer- « çants de la Métropole. C'était placer la mère-patrie « dans une situation fausse. Elle semblait revendi- « quer le droit de traiter les Colonies comme un « domaine à exploiter au profit des Anglais restés en « Angleterre. Aucune prétention ne pouvait être « plus odieuse. »

Conclusion générale.

Ces citations conduisent à la même conclusion que les chiffres énumérés séparément ou présentés en tableaux synoptiques, et cette conclusion n'est pas favorable au Régime Douanier donné par la France au Protectorat de l'Annam et du Tonkin.

Quand nous en avons pris charge, par les traités de Hué et de Tien-tsin, il était soumis aux Tarifs *ad valorem* usités depuis bien des années en Extrême-Orient et notamment en Chine. Les résultats, dira-t-on, n'étaient pas brillants? Le commerce était languissant? Les ressources de ces pays n'étaient pas mises en valeur? Sans doute. Mais le régime que nous avons introduit avec nous a-t-il donné de tels fruits que nous ayons lieu de le tenir pour supportable, méme à titre provisoire? Les résultats précités permettent de conclure par la négative.

Nons avons trop pensé à nous, et pas assez au pays dont nous assumions la tutelle. Nous avons, comme toujours malheureusement, obéi à nos préoccupations métropolitaines, sans penser à l'immense différence des méthodes applicables à un vieux pays profondément romanisé depuis près de deux mille ans et à un pays que des habitudes séculaires ont tout aussi profondément imprégné d'éléments absolument contraires.

La géographie indiquait ce qu'il aurait fallu faire.

L'Annam, privé de communications faciles par terre avec la Cochinchine, communiquant difficilement avec la vallée du Mékong par le Sé-banghieng et par le Song-ma, avec le Tonkin par le col des Nuages et la route mandarine de Hué à Hanoï, a un commerce presque exclusivement maritime et de cabotage. Il demandait donc un régime particulier ; d'autant plus que le sel, le riz, les poissons secs ou salés, les amomes, cardamomes, noix d'arec et produits forestiers, qui constituent ses principaux éléments d'échange, ne peuvent pas supporter des droits suffisants pour rémunérer, même à moitié, le personnel chargé de les percevoir.

Le Tonkin, au contraire, communique par mer et par terre avec tous ses voisins. Le Fleuve Rouge ouvre par lui-même et par ses affluents une série de routes, vers la Chine méridionale et à la rigueur, vers l'Indo-Chine centrale. Par son cours supérieur (Viétri, Honghoa, Laokay Manghao), il ouvre le Yunnan sud et est, et pourrait conduire, par la route de Mongtze, Linan-fou et Yunnan-fou, jusqu'au Sze Tchouen. De Yunnan-fou même ou de Linan-fou, on peut aller jusqu'à Tali-fou, terminus convoité par les Anglais pour leur chemin de fer de l'Iraouady et du Salouen.

Par la Rivière Noire (r. droite) il permet d'aborder la route vers Szu-mao, Poueul et le haut Mékong, et, en obliquant au sud, la route vers le haut Laos et Louang Prabang par le Namou.

Par la Rivière Claire, il ouvre la région montagneuse que domine Caobang, et qui est, du côté de la Chine, la clef stratégique du Tonkin.

Tous ces cours d'eau découpent leurs vallées dans un pays de montagnes, où abondent les forêts et les mines, et que nous arriverons plus tard à peupler.

Une fois fondus en un seul, au-dessus de Hanoï, ils entrent dans l'immense triangle du Delta qui n'est qu'une rizière presque ininterrompue, et où s'agitent plus de dix millions d'habitants.

Dès maintenant donc, nous pouvons conclure que le Tonkin est à la fois un pays producteur et un pays intermédiaire. Vu de plus près, il est plus encore pays intermédiaire que pays producteur. Si sa richesse propre, en riz, en produits miniers et forestiers, le rend précieux, les facilités qu'il offre au transit commercial lui donnent une bien autre valeur. Nous venons de voir qu'il possède les routes les plus courtes et en même temps les plus faciles pour aller au Laos et surtout au Yunnan et au Sze-Tchouen. Ajoutons-y le Kouang-si. En effet, le pentagone montagneux, qui porte Caobang et Langson sur son revers nord, envoie ses eaux à la rivière de Canton par le Song-ki-kong (Langson) et le Song Bang-Giâng (Cao-Bang). La route par Langson est beaucoup plus courte et, par suite, de meilleur emploi marchand que celles qui partent de Pakhoi ou de Canton.

Il aurait donc fallu conserver l'ancien régime douanier chinois des taxes *ad valorem* pour l'Annam comme pour le Tonkin, et surtout éviter de demander des sacrifices à la pêche ou au cabotage, ou aux salines de l'Annam. Quant au Tonkin, sa principale utilité étant d'être un passage de la mer à la Chine méridionale et centrale, il aurait fallu ne pas le barrer par un mur sans porte. Malheureusement il a été impossible d'agir ainsi. Le public français avait mal lu ou mal compris ce qu'avaient dit du Fleuve Rouge Jean Dupuis et Francis Garnier. Il croyait que l'on pouvait soutirer par là, tout de suite, le trafic de la Chine méridionale et ne tenait nul compte de la mauvaise volonté chinoise et de la force d'attraction de places commerciales comme Shanghaï, Canton ou Hong-Kong, pour éviter d'en citer d'autres.

Il avait une idée trop confuse et trop vague de l'immense trafic chinois. Il ignorait qu'il ne s'exerce pas qu'en Chine et sur les produits chinois ; qu'on le rencontre dans tout l'Extrême-Orient, où il s'applique à tout. Par suite, que la seule perception de droits de douane modérés et intelligemment établis serait une source de revenus susceptible d'un débit de plus en plus abondant, à condition de n'attendre les profits que de l'augmentation du trafic.

On ne s'avisait pas non plus, dans le gros du public, que le Tonkin a en soi une valeur intrinsèque, qu'il produit, vend, consomme des quantités de denrées considérables et peut ainsi fournir, par le seul mouvement de ses échanges intérieurs et extérieurs propres, de notables revenus.

Enfin nous étions égarés par les tiraillements de notre politique que les partis ennemis ont tour à tour, pendant dix ans, rendue indifférente ou hostile à l'expansion coloniale ; par l'antagonisme des diverses écoles économiques, qui déroute la population, trop peu familière avec la géographie et la science économique, mal disposée par des préjugés séculaires pour toutes les Frances que nous avons essayé de créer outre-mer, et obsédée depuis vingt-quatre ans par le souci cuisant de l'équilibre continental.

La politique personnelle des divers Gouverneurs Généraux, le manque d'une direction unique, soustraite à l'action des luttes de parti, a achevé d'imposer la nécessité de vivre au jour le jour, sans plan d'ensemble, qui seule explique l'importation, telle quelle, de tout le système métropolitain des Douanes,

Régies et Monopoles déjà si gênants pour nous qui avons l'habitude des impôts indirects, et absolument stérilisants dans un pays qui a toujours été libre en ces matières.

Telle a été l'évolution du Régime Douanier donnée par nous au Protectorat de l'Annam et du Tonkin, que, partis du tarif *ad valorem* de 5 0/0 sur les produits étrangers et de 2 1/2 0/0 sur les produits français, nous sommes, grâce à l'application du tarif actuel, arrivés péniblement à faire avec notre grande et riche colonie le chiffre d'affaires que fait avec Paris une seule de nos préfectures de second ordre.

Les produits étrangers n'ont pas pu et ne pourraient pas, sans les plus graves risques pour notre sécurité, être évincés du marché annamo-tonkinois, à coups de tarifs. Le renchérissement de la vie a subi une progression incroyablement rapide ; l'habitant est enserré dans un réseau de lois et de règlements aussi étroit qu'en France, et le négociant, indigène ou autre, aux prises avec les mille formalités, qui l'écrasent.

L'intérêt de notre industrie, la sécurité de notre domination, et le souci élémentaire de l'avenir nous commandent de revenir à une autre politique.

R. VILLETARD DE LAGUÉRIE.

NOMENCLATURE

DES MESURES DOUANIÈRES ARRÊTÉES PAR LE GOUVERNEMENT DU PROTECTORAT ANNAM–TONKIN, DE 1884 A 1893.

Administration douanière.

ANALYSE DES ARRÊTÉS :	DATES :
La surveillance du service des douanes est confiée aux résidents.	6 sept. 1883.
Les agents du service des douanes astreints au serment.	21 mai 1884.
Décision modifiant le solde et les accessoires de solde des agents douaniers indigènes.	7 août 1885.
Elle fut rapportée le 17 août 1886.	
Décision fixant la composition et la solde des équipages des jonques de mer de la douane.	30 sept. 1885.
Les douanes annamites enlevées aux mandarins d'Annam et confiées entièrement à des administrateurs français.	2 mars 1886.
Application à l'Annam et au Tonkin du régime et du tarif des douanes de Cochinchine.	2 mars 1886.
Les douanes du Protectorat subordonnées au Résident supérieur de Hanoï	20 avril 1886.

Suppression du poste douanier de Tuan-quan créé le 2 mars 1886.	30 avril 1886.
Création du poste douanier de Thaï-nguyen.	12 mai 1886.
Composition du bureau de Douane de Lang-son.	21 juin 1886.
Nomination de M. Boulloche, comme chef intérimaire du Service des Douanes, en remplacement de M. Desmier, en congé.	26 juin 1886.
Nomination de M. Rocher à une mission, pour préparer la réorganisation des douanes du Protectorat.	26 juin 1886.
Arrêté fixant la composition du personnel du port de Haïphong.	17 oct. 1886.
Règlement du Service des Douanes dans les ports de l'Annam et du Tonkin.	17 oct. 1886.
Fixation des droits de tonnage (Art. 13) du	17 oct. 1886.
Maintien provisoire des tarifs d'entrée et de sortie actuellement en vigueur (Art. 16) . . . . du	17 oct. 1886.
Suppression d'une indemnité annuelle de 500 francs, accordée le 20 décembre 1884 au chef du poste de douane de Qui-nhon.	1er déc. 1886.
Application du règlement du 17 octobre 1886 aux chaloupes, jonques, barques de mer et de rivière, se livrant au cabotage dans le Protectorat (Art. 4). . . . . du	13 déc. 1886.
Création de deux bureaux de Douane à Vinh et à Faïfo.	2 janv. 1887.
Indemnité mensuelle de 8 francs à tout matelot indigène, employé au service de la Douane	16 janv. 1887.
Les Douanes rattachées directement à la Résidence générale	5 fév. 1887.
Abrogation de l'arrêté du 20 avril 1886 :	
Crédit de 2.500 pour aménager deux jonques postes-mobiles.	16 fév. 1887.

Indemnité à deux douaniers pour perte de leurs effets. . . . . 17 fév. 1887.

Crédit de 9.500 fr. pour aménagement de 2 remorqueurs de la Douane . . . . 19 fév. 1887.

Crédit de 2.985 pour construire à Hung-Yen un appontement flottant et un débarcadère. . . . . 25 fév. 1887.

Création d'un poste de Douane à Thanquan . . . . 22 juill. 1887.

Visa mensuel du permis de circulation dans la rade de Haïphong subordonné au payement d'un droit de stationnement de 1 fr. 25 par mois. . . . . 31 juill. 1887.

Ordre de stationner sur un seul rang dans l'arroyo de Haïphong. Amende de 50 à 200 fr. aux contrevenants . . . . 3 août 1887.

Stage de six mois comme auxiliaires imposé aux candidats préposés. Traitements de 2.400 fr. Assimilation aux titulaires sauf le droit aux congés . . . . 1er août 1887.

Cela complétait l'arrêté du 11 août 1886.

Droits de magasinage imposé aux marchandises 24 heures après leur vérification, si elles restent en consigne . . . . . 9 août 1887.

Nomenclature des postes où les droits de Douane doivent être perçus : Phat-Diem. Luc-bo, etc. . . . . 10 août 1887.

Réglementation du transbordement . . . . 10 août 1887.

Restriction à l'arrêté du 13 décembre 1886 (Art. 7) . . . . 10 août 1887.

Crédit de 897 fr. 60 pour réparer la Douane de Haïphong . . . . 7 sept. 1887.

Indemnité représentative de vivres allouée aux agents douaniers du bureau de Camrang . . . . 15 sept. 1887.

Crédit de 6.320 fr. pour achat d'une jonque de mer . . . . 30 sept. 1887.

Crédit de 2.500 fr. pour réparer la Douane de Tourane. . . . . 11 oct. 1887.

Crédit de 830 fr. pour réparer la Douane de Haïphong. . . . . 15 oct. 1887.

Crédit de 521 fr. pour réparer la Douane de Haïphong. . . . . 21 oct. 1887.

Crédit de 800 fr. pour un poste de Douane à Min-ngoc. . . . . 12 nov. 1887.

Crédit de 2.500 fr. pour réparer la Douane de Haïphong . . . . 28 nov. 1887.

Crédit de 215 fr. 15 pour faire passer une drague du Cua-cam dans le canal de ceinture de Hanoï (canal Bonnal). . . . . 8 déc. 1888.

Crédit de 7.500 fr. au génie pour construire une Douane à Than-quan. . . . . . 30 déc. 1887.

Crédit de 6,000 fr. pour construire des bureaux et logements de douaniers à Wu-song et La-quan . . . . 31 déc. 1887.

Contrôle et surveillance de la Ferme de l'opium confiées à la douane . . . . 31 déc. 1887.

Le certificat d'enregistrement des armes par la Douane équivaudra, pour les jonques et chaloupes de mer, à l'autorisation exigée par l'article 3 de l'arrêté du 25 juin 1886. . . . . 28 janv. 1888.

Tableau de la solde du personnel douanier de l'Annam et du Tonkin, à partir du 1er janvier 1888. . . . . 10 janv. 1888.

Congé de six mois, à M. Rocher, directeur des Douanes du Protectorat. . . . . 12 fév. 1888.

Nominations régulières données à des agents en fonctions. . . . . 27 mars 1888.

Ouverture d'un bureau de Douane :

à Phan-tiet (Annam). . . . . 21 avril 1888.

à Than-hoa. . . . . 21 avril 1888.
à Cua-bay (dépendant de Phan-tiet). 21 avril 1888.
à Cua-day (dépendant de Tourane). 21 avril 1888.

Arrêté révoquant un octroi de congé. . . . 2 mai 1888.

Exemption exceptionnelle du droit d'entrée sur des farines destinées aux troupes. . . 30 mai 1888.

Attribution au Sous-Directeur des Douanes de la nomination de tous les agents indigènes soldés à moins de mille francs. . 6 juin 1888.

Retenue de 4 jours et 6 jours de solde à deux douaniers comme punition. . . . . 6 juill. 1888.

La moitié des taxes pour travaux supplémentaires à bord des bateaux de commerce attribuée aux préposés des douanes. . . 13 juill. 1888.

Crédit de 8.000 piastres pour l'achat de 4 jonques de mer. . . . . 25 juill. 1888.

Uniformité des prix de passage aux bacs, établie par circulaire. . . . . 20 août 1888.

Supplément de 300 piastres alloué au Contrôleur du Service des Douanes en Annam. 21 août 1888.

Exemption des droits de sortie accordée à la chaux, au ciment, fabriqués dans le Protectorat. . . . . 8 sept. 1888.

Exemption des droits de Statistique pour des riz transportés pour le gouvernement annamite de Phan-tiet à Phan-ri. . . . . 11 sept. 1888.

Suppression du poste de Douane de Thanquan (cap entre les ports annamites de Qui-nhon et Qui-ngaï). . . . . 14 sept. 1888.

Création d'un bureau de Douane à Ki-lua (Lang-son). . . . . 29 sept. 1888.

Arrêté nommant un Sous-Directeur des Douanes . . . . 13 nov. 1888.

Création d'un bureau de Douane à Dong-dang, en remplacement du bureau de Ki-lua. . . . . 21 nov. 1888.

Suppression du bureau de Douane de Mon-cay. . . . . 24 déc. 1888.

Ordre aux barques de porter des numéros bien visibles. . . . . 7 janv. 1889.

Crédit de 432 piastres 53 pour la construction des postes de Douane de Ngo-dong et La-quan (dépenses imprévues) . . . . . . 8 janv. 1889.

Autorisation à la ferme forestière Dupuis de créer quatre postes provisoires de perception dans la province de Thanh-hoa. 8 janv. 1889.

Suppression du poste douanier de Dong-dang, créé le 21 novembre 1888 . . . . . 9 janv. 1889.

Port d'une marque distinctive imposée aux douaniers. . . . . 30 janv. 1889.

Circulaire du Ministre de la Marine au commandant de la division navale d'Indo-Chine, au sujet des bagages embarqués au Tonkin et en Cochinchine sans enregistrement préalable . . . . 18 janv. 1889.

Le Service entier des Douanes remis au Résident général. . . . . 10 fév. 1889.

Mercuriale pour la perception des droits *ad valorem*. 10 fév. 1889.

Imposition d'une taxe de tonnage remplaçant les droits de phare, balisage, quai, police de rivière et rade, d'ancrage. 15 fév. 1889.

Balisage des cours d'eau du Tonkin. . . . . 18 fév. 1889.

Transfert de la Douane de Hanoï . . . . . . 20 fév. 1889.

Impôt sur les barques de mer ou de rivière appartenant à des Français, des étrangers ou des Annamites. . . . . 22 fév. 1889.

Ibid. . . . . 15 mars 1889.

Crédit de 45 piastres pour réparer la Douane de Vinh . . . . 21 mars 1889.

Circulaire au sujet de l'impôt sur les barques pour établir 3 catégories. . . . . . . 30 mars 1889.

Droits de stationnement perçus à Tourane.	14 avril 1889.
Commission nommée pour recevoir la Douane de Vinh.	17 avril 1889.
Crédit de 100 piastres pour refaire l'appontement de Douane à Tourane.	18 avril 1889.
Crédit de 600 piastres pour refaire la Douane de Faï-fo	
Caisse de fonds d'avance confiée au receveur des Douanes de Haïphong	19 avril 1889.
Indemnités de vivres et de logement aux contrôleurs de 2e classe des Douanes d'Annam et du Tonkin.	3 mai 1889.
Les chaloupes servant aux transports fluviaux ne seront astreintes qu'aux droits sur les barques et seront exemptes des taxes de tonnage, au-dessous de 160 tonneaux de jauge.	15 mai 1889.
Crédit de 65 piastres pour réparer la jonque de la résidence à Vinh	16 mai 1889.
Visa des papiers de bord des jonques ou chaloupes quittant Haïphong, confié au capitaine du port de commerce.	31 mai 1889.
Gratification de 25 piastres à l'équipage d'une jonque pour bravoure pendant une attaque de nuit des pirates.	12 juin 1889.
Règlement sur l'emploi des fonds et l'ordonnancement des dépenses du service de la Douane	6 juillet 1889.
Taxe sur les barques chinoises. Abrogation de l'arrêté du 12 juillet 1888.	6 juillet 1889.
Abrogation de l'arrêté du 22 février 1889 pour les barques et jonques de mer à cause de la mauvaise méthode de jaugeage.	6 août 1889.
Crédits de 50 piastres pour réparer la Douane de Vinh.	14 août 1889.

Répression de la piraterie, conformément à la circulaire de Nguyen-hun-do. . . . . . 22 août 1889.

Crédit de 2.105 piastres à M. de Montagnac, chargé des fonctions de Chef du Service des Douanes en Annam. . . . . 23 août 1889.

Crédit de 1.100 piastres au Chef du Service des Douanes du Tonkin pour travaux au matériel. . . . . 3 sept. 1889.

Crédit de 200 piastres à la Douane pour installer un slip. . . . . 4 sept. 1889.

Crédit de 250 piastres pour réparer une jonque de Douane d'Annam . . . . 4 sept. 1889.

Attribution à la Douane de l'ancien poste de la garde civile à l'entrée de la baie de Hong-hay . . . . 7 sept. 1889.

Postes-flottants de Douane installés à l'entrée de la rivière de Tien-yen (province de Haï-ninh) et Hone-gay (province de Quang-yen). . . . . 21 sept. 1889.

Poste de Douane créé à Ha-koï (province de Haï-ninh). . . . . 21 sept. 1889.

Crédit de 222 piastres pour réparer une jonque. . . . . 26 sept. 1889.

Crédit de 90 piastres pour réparer le poste de Than-hoa. . . . . 28 sept. 1889.

Crédit de 170 piastres pour installer un poste à Than-quan (Binh-dinh). . . . . . 20 oct. 1889.

Circulaires réclamant des rapports commerciaux des résidents du Tonkin :

de M. Etienne. . . . . 19 août 1889.

de M. Brière. . . . . 22 oct. 1889.

Crédit de 20 piastres pour le bureau de Song-cau. . . . . 11 nov. 1889.

Crédit de 180 piastres pour la chaloupe de Ninh-binh . . . . 16 nov. 1889.

Affermage des bacs de rivière aux Annamites exclusivement. . . . . 21 oct. 1889.

Ordre de déposer à la Douane les bagages et colis des passagers, ou ceux destinés aux officiers ou fonctionnaires du Tonkin . . . . 4 janv. 1890.

Imposition des droits et des taxes de Statistique.

Élévation à 19.200 piastres de la solde du Chef du Service des Douanes en Annam, à cause du contrôle sur la Ferme de l'opium. . . . . 22 fév. 1890.

Crédit de 200 piastres pour réparer une jonque. . . . . 30 avril 1890.

Ordre de décharger aux Magasins Généraux les transports affrétés par l'État. . . . . 16 mai 1890.

Taxe de phare et d'ancrage perçue sur les navires charbonniers. . . . . 20 sept. 1890.

Part faite aux douaniers dans les amendes, dommages-intérêts, transactions, etc., en matière de Douane, après saisie ou verbalisation . . . . 11 nov. 1890.

Droits sur les maïs et les riz. . . . . 31 janv. 1890.

Examen métropolitain imposé aux surnuméraires . . . . 12 avril 1890.

Fonctionnement nouveau du contrôle de la Ferme de l'opium . . . . 4 juin 1890.

Circulaire relative aux droits sur les chocolats, bonbons, conserves, faits avec des sucres étrangers : régime de l'admission temporaire. . . . . 30 juin 1890.

Droit de transaction en matière de Douane étendu à toute l'Indo-Chine . . . . 11 déc. 1891.

Création de 2 circonscriptions pour percevoir l'impôt sur les barques de rivière . . 16 mars 1892.

Création de 3 places d'interprètes pour les postes de Song-cau, Tan-quan et Hone-cohe avec traitement moyen de 200 piastres par an . . . . 30 avril 1892.

Taxe de tonnage dans les postes divers du Protectorat. . . . . 1er mai 1892.

Droit de navigation sur les barques de mer. 28 mai 1892.

Tarif de pilotage. . . . . 10 mai 1892.

Admission au concours pour le surnumérariat des Douanes, des militaires gradés comptant au moins 5 ans de services et âgés au plus de 30 ans . . . . 25 août 1892.

Fonctions d'huissier dévolues aux agents douaniers dans le périmètre des Sociétés minières de Hong-hay et de Kébao. . . . 4 oct. 1892.

Création d'un poste de Douane à Pac-si (province de Mon-cay). . . . . 28 oct. 1892.

Création d'un poste de Douane à Chin-day (province de Mon-cay). . . . . 26 nov. 1892.

Franchise télégraphique au Chef du Service des Douanes en Annam et au Tonkin pour son service. . . . . 5 déc. 1892.

Poste spécial à Hong-hoa sur le Fleuve Rouge pour réprimer la contrebande de l'opium. 8 déc. 1892.

Transfert des Magasins Généraux à la Douane. . . . . 9 déc. 1892.

Création d'un poste de Douane à Hoan-Mo (Mon-cay) pour réprimer la contrebande d'opium, armes, munitions. . . . . 9 déc. 1892.

Arrêté imputant à un contrôleur de Hanoï une somme de 624 piastres 97, montant de droits non perçus . . . . 31 déc. 1892.

Alcool.

Lettre de Paul Bert émettant des doutes sur l'efficacité de l'attribution à l'État du monopole de l'alcool . . . . 6 juill. 1886.

Imposition de droit sur les spiritueux introduits en Annam et au Tonkin. . . . 26 fév. 1888.

Bétail.

Défense d'exporter les bêtes bovines, ovines, caprines, porcines . . . . 11 déc. 1885.

Défense d'exporter les chevaux et juments du Protectorat, sauf pour les pays formant l'Indo-Chine française . . . . 10 fév. 1892.

Renouvellement de la même défense. . . . 22 oct. 1892.

Crédit de 6.000 piastres pour avances destinées à des achats de buffles, semences, etc., pour des villages en reconstitution. . . . 5 déc. 1892.

Colis postaux.

Ouverture aux colis postaux de tous les bureaux de poste de l'Annam-Tonkin. . 1er sept. 1887.

Transport des chargements et colis postaux par les convois militaires. Mesures de surveillance . . . . 29 sept. 1887.

Échange de colis postaux autorisé entre Hong-Kong et les ports indo-chinois de Saïgon, Haïphong, Tourane, Qui-nhon, Ninghan ou Xuan-day, Nha-trang. . . . .

Poids maximum 5 kilos ou 11 livres. . . .

Dimensions à 60 ou 2 pieds sur une face, 0,30 ou 1 pied sur l'autre, maximum. — Taxe : 5 cents. de piastre par 500 grammes ou 1 livre. . . . .

Indemnité en cas de perte : 15 francs . . . 22 sept. 1888.

Droits de navigation, cabotage, pêche.

Ordonnance fondamentale.	27 mai 1886.
Visant les articles 1 et 2 du 27 octobre 1884, et étendant le droit de caboter de province à province à toute embarcation battant pavillon français	17 juin 1886.
Droits de tonnage imposés aux navires. .	6 sept. 1886.
Ibid.	17 oct. 1886.
Droits d'exportation imposés aux produits indigènes cabotés	13 déc. 1886.
Cet arrêté a été abrogé le 26 février 1888. .	
Droits de tonnage imposés aux jonques indigènes de cabotage.	1er mars 1887.
Arrêté visant : décision du 12 décembre 1885, ordonnance du Kinh-luoc du 12 août; décision approbative du 29 août, arrêté du 6 septembre 1886.	1er mars 1887.
Permis de circulation imposé aux barques et sampans faisant le service de la rade de Haïphong.	8 juin 1887.
Visa mensuel de ce permis imposé contre un droit de stationnement.	31 juil. 1887.
Exemption de droits pour les produits importés vers l'intérieur, quand ils auront payé à l'entrée ; exemption totale pour ceux qui sont réexpédiés vers l'intérieur.	10 août 1887.
Nouvelle taxe sur les navires et bateaux de transport ou de pêche au Tonkin et en Annam.	7 janv. 1888.
Suppression des droits sur les produits indigènes transportés en cabotage d'un point à un autre de la côte de l'Annam et du Tonkin.	26 fév. 1888.
Règlement pour la pêche et le commerce dans les mers du Tonkin et de l'Annam	

concernant les bateaux ayant leur port d'attache en Chine. . . . . 6 juil. 1888.

Annulant et remplaçant le 11 décembre 1885 et le 7 janvier 1888. . . . .

Ordre aux barques de porter des numéros. 7 janv. 1889

Taxe de tonnage. . . . . 15 fév. 1889.

Impôt sur les barques de mer, perçu d'après des rôles. . . . . 20 fév. 1889.

Circulaire relative à cette modification de l'assiette de l'impôt. . . . . 15 mars 1889.

Ibid. établissant trois catégories pour les rôles . . . . 30 mars 1889.

Arrêté exemptant de la taxe de tonnage du 15 février 1889 les chaloupes fluviales et côtières au-dessous de 160 tonneaux. 15 mai 1889.

Arrêté modifiant celui du 12 juillet 1888 et soumettant les barques ayant leur port d'attache en Chine aux règlements et taxes en vigueur en Annam et au Tonkin. . . . 6 juill. 1889.

Arrêté rapportant celui du 20 février 1889, et fixant la taxe annuelle à 25 cents par picul de jauge. . . . . 6 août 1889.

Droits de phare et d'ancrage pour les navires charbonniers. . . . . 20 sept. 1890.

Création de deux circonscriptions pour percevoir l'impôt sur les barques de rivière. 16 mars 1892.

Taxe nouvelle de tonnage représentant les droits de phare, ancrage, balisage, quai, police de rivière et de rade. . . . . 1er mai 1892.

Abrogeant les arrêtés des 15 février 1889, 20 septembre et 15 octobre 1890. . . . .

Tarif de pilotage. . . . . 10 mai 1892.

Droit de navigation sur les barques de mer abrogeant les arrêtés des 12 juillet 1888, 22 février et 6 juillet 1880. . . . . 28 mai 1892.

(Voir, pour compléter, les paragraphes *Taxes douanières* et *Tonnage*.)

Ferme forestière.

Autorisation à la ferme forestière Dupuis de créer quatre postes de perception dans la province de Than-hoa. . . . . 7 janv. 1889.

Formalités douanières. Plombage, scellage, visite, etc.

Plombage et scellage, à Haïphong, des marchandises pour Hanoï. . . . . 10 déc. 1888.

Réglementation générale des ports de l'Annam et du Tonkin ouverts au commerce de la France et des puissances étrangères . . . . 27 oct. 1884.

Arrêté fixant à 0,10 cents le prix de chaque plomb apposé par la douane. . . . . . . 13 sept. 1887.

2 arrêtés en 1889 insérés *in extenso* (avril et mai 1889).

Magasins généraux.

Contrat instituant les Magasins généraux de Haïphong . . . . 6 août 1886.

Ibid. fixant les tarifs d'accostage de manipulation et magasinage; le droit fixe, les tarifs spéciaux aux riz et paddys, aux marchandises encombrantes.

Institution d'une Commission à Haïphong pour les expropriations nécessaires à l'établissement des Magasins généraux. . 15 juin 1887.

Visant des arrêtés des 22, 28 juillet 1886 et 8 juin 1887.

Déclaration d'utilité publique des annexes des Magasins généraux et centraux de Haïphong. . . . . 12 oct. 1887.

Ouverture des Magasins généraux. . . . . . 4 fév. 1889.
Complété par d'autres arrêtés de fév. 1889.

Les Magasins généraux érigés en entrepôt réel de douane. . . . . 28 fév. 1889.

Rapport de l'arrêté du 24 février 1889 instituant un contrôle administratif sur les Magasins généraux. . . . . 20 avril 1889.

Confirmation de l'Entrepôt réel des douanes aux Magasins généraux transformés en Société anonyme des Docks de Haïphong. 6 juill. 1890.

Déchargement des navires affrétés par l'Etat aux Docks d'Haïphong . . . . 4 janv. 1890.

Obligation imposée à la Société des Docks d'établir un railway des Docks à la ville avec le voyage aller et retour gratuitement pour le public, transit gratuit pour les marchandises ayant acquitté les droits de magasinage, livraison à domicile pour 1 piastre par tonne et obligation de construire les appontements suffisants pour la batellerie fluviale . . . 2 mai 1890.

Confirmation de l'arrêté du 4 janvier 1890. 16 mai 1890.

Cession des Magasins généraux à la Douane. Modification des tarifs qui y étaient appliqués. . . . . 9 déc. 1892.

Mesures de voirie, halage, etc. complétant les mesures et tarifs douaniers.

Avance de 6.000 fr. au service de halage sur le haut Fleuve Rouge . . . . 17 janv. 1887.

Création du service de halage sur le haut Fleuve . . . . 18 janv. 1887.

Crédit de 2.000 fr. au génie pour les travaux d'un chenal au barrage de Hao-trang. 21 mars 1887.

Crédit de 6.190 fr. pour achever le canal de ceinture de Hanoï . . . . 26 mai 1887.

Taxe des télégrammes à échanger par sémaphores avec les navires en mer. . . . . . 25 juin 1887.

Suppression des postes de haleurs organisés le 18 janvier . . . . 5 nov. 1887.

Crédit de 1.500 fr. pour les études du railway de Langson . . . . 18 janv. 1888.

Vérification de l'armement des jonques de commerce . . . . 28 janv. 1888.

Nomination du personnel pour étudier le railway de Phu-lang-tuong à Langson . . 17 fév. 1888.

Acte additionnel au contrat du 15 septembre 1886 avec MM. Marty et d'Abbadie pour un service de Messageries fluviales au Tonkin . . . . 17 fév. 1888.

Règlement pour le service et subvention . . 24 fév. 1888.
Terme d'expiration fixé au 1er janvier 1897.

Crédit de 1.000 fr. pour un marégraphe sur le Cua-Cam. . . . . 10 avril 1888.

Nouveau parcours assigné aux Messageries fluviales. . . . . 10 sept. 1888.

Commission pour étudier l'éclairage du Cua-Cam . . . . 23 oct. 1888.

Ibid. La création d'un railway de Tien yen à Langson. . . . . 7 fév. 1889.

Attributions des chambres de commerce de Hanoï et de Haïphong. . . . . 16 fév. 1889.

Balisage des cours d'eau du Tonkin. . . . 18 fév. 1889.

Crédit de 3.500 piastres pour installer dans la baie de Tourane l'ancienne lanterne-phare de Hon dam. . . . . 13 mars 1889.

Commission à Hanoï pour exhausser le quai de Cu-phu . . . . 31 mai 1889.

Affermage des bacs attribué exclusivement aux Annamites. . . . . , . . 21 oct. 1889.

Crédit de 12.000 piastres pour étudier la navigabilité du haut Fleuve Rouge. . . . 1er fév. 1890.

Commission pour le phare des îles Norway. 20 mars 1892.
Modification pour le pilotage à Haïphong. 12 avril 1892.
Station de pilotes à Kebao . . . . 12 avril 1892.
Commission pour le dégagement du canal de Nam-dinh. . . . . 29 nov. 1892.
Ouverture au public du railway de Kep à Siuganh . . . . 30 nov. 1892.
Commission pour étudier les causes de la rupture du canal des Rapides. . . . . . . 6 déc. 1892.

Opium.

Le monopole de l'introduction, fabrication, transport, vente de l'opium à fumer sera adjugé aux enchères publiques, le 20 mars 1884. . . . . 27 fév. 1884.
Décision relative à l'entrée de l'opium brut en boule au Tonkin. . . . . 12 avril 1884.
Rapportée par arrêté du 7 juin 1887.
Réduction temporaire du droit sur l'opium provenant du Yunnan par Lao-kay. . . 19 avril 1884.
Rapportée par arrêté du 7 sept. 1887.
Arrêté relatif à la ferme de l'opium . . . . 17 juin 1886.
Rapporté le 20 juillet 1887.
Droits abaissés sur les opiums à partir du 1er août 1886. . . . . 30 juill. 1886.
Vente et fabrication de l'opium sur le territoire d'Hanoï. . . . . 29 sept. 1886.
Rapporté le 20 juillet 1887.
Droits d'entrée sur l'opium augmentés. . . 15 oct. 1886.
Rapporté le 20 juillet et le 7 sept. 1887.
Arrêté relatif à la ferme de l'opium . . . . 20 juill. 1887.
Cahier des charges pour la ferme de l'opium au Tonkin. . . . . 7 sept. 1887.
Contrôle et surveillance de la ferme par la Douane . . . . 30 déc. 1887.

Organisation du personnel chargé de ce contrôle . . . . 26 fév. 1888.
Modifié par arrêté du 15 janvier 1890.
Rapporté définitivement le 19 mars 1890.

Délivrance de licences pour la vente de l'opium. 29 juill. 1889.

Circulaire relative à la contrebande de l'opium. 4 sept. 1889.

Importation de l'opium interdite en Annam.
Monopole de l'exploitation cédé à la Douane.
Remboursement des stocks à la Ferme. . . 4 sept. 1889.

Règlement relatif au monopole de l'opium en Annam . . . . 1er nov. 1889.

Résiliation de la concession du monopole à un particulier et retour aux Douanes et Régies de l'Annam. . . . . 15 janv. 1890.

Autorisation de transiter l'opium par le Tonkin pour approvisionner l'Annam . . 10 mars 1890.

Contrôle de la Ferme au Tonkin donné à un Commissaire du Gouvernement sous les ordres du Résident Supérieur. . . . . . . 19 mars 1890.

Défense d'importer, fabriquer, colporter, vendre un opium autre que celui de la Ferme au Tonkin. . . . . 19 mars 1890.

Envoi aux autorités civiles du contrat annexe de la Ferme de l'opium. . . . . . 20 mars 1890.

Récompense à des villages qui ont pris de l'opium à une bande de pirates. . . . . . 1er juil. 1890.

Récompense du tiers de la saisie aux indicateurs de contrebande d'opium. . . . . 3 juill. 1890.

Modification au cahier des charges de la Ferme de l'opium au Tonkin, prorogation de son monopole jusqu'au 31 décembre 1900 . . . . 13 oct. 1890.

Décret rapportant ceux des 10 et 19 mars 1890. . . . . 12 avril 1891.

Réorganisation du contrôle sur la Ferme de l'opium au Tonkin. . . . . 15 avril 1891.
Nouveau fonctionnement de ce contrôle. . 4 juin 1891.
Répression de la contrebande de l'opium. 5 juin 1891.
Prix du taël d'opium fixé à 1 piastre 10 cents à partir du 8 septembre 1891. . 6 sept. 1891.
Circulaire contre les contrebandiers. . . . 23 déc. 1891.
Les percepteurs chargés de payer les indicateurs de contrebande d'opium . . . . . 10 fév. 1892.
Circulaire contre la contrebande d'opium. 9 avril 1892.
Retour au même sujet. . . . . 26 août 1892.
Concession pour 8 ans et 3 mois de la Ferme de l'opium en Annam. . . . . . . 21 juill. 1892.
Fixation de la redevance et du cautionnement.
Règlement contre la contrebande d'opium. 6 oct. 1892.

Monopoles.

Monopole de la cannelle en Annam à la Régie. . . . . 16 janv. 1890.
(Sans parler de ceux de la badiane et de l'opium assumés en 1893.)

Ports ouverts.

Ouverture du port de Tourane. . . . . . . 25 déc. 1884.
Ouverture des ports de Qui-nhon, Xuanday, Tourane. . . . . 6 juin 1884.
Ouverture de Cua-day et de Nam-dinh. . . . 31 mai 1888.
Ouverture de Vinh et Faïfo. . . . . 2 janv. 1887.
Ouverture du Lach-day, Cua-lac, Cua-balaï, Lach-Tray, Cua-Cam, Cua-nam-trieu, rivière de Mon-cay. . . . . 10 août 1887.

Prohibitions, admissions, successives ou retirées.

Defense d'introduire de l'absinthe en Annam et Tonkin. . . . . 26 juin 1885.

Retrait de cette défense . . . . 6 juin 1888.
Défense d'importer au Tonkin des sapèques de cuivre. 16 oct. 1888.
Importation autorisée des déchets de sucre noir dit galette chinoise, moyennant 10 0/0 *ad valorem* . . . . 27 déc. 1887.
Retiré par arrêté du 27 juillet 1888.
Suppression du droit établi le 26 fév. 1888 sur le flottage des bois. . . . . 25 mars 1888.
Prohibition des déchets de sucre noir. . . 27 juil. 1888.
Admission des mélasses ayant en richesse saccharine moins de 50 0/0. . . . . 27 juil. 1888.
Importation des plants de caféier au Tonkin interdite. . . . . 6 août 1888.
Introduction et vente d'armes et munitions de guerre de toute nature et de tout modèle, interdite au Tonkin et en Annam. . . . . 19 sept. 1888.
Libre circulation, sans cours forcé, accordée à la sapèque de cuivre chinoise, dans la province de Langson. . . . . 26 janv. 1890.
Même arrêté pour la province de Haïninh. . . . . 3 juil. 1890.
Maïs, riz, blés durs employés à fabriquer l'amidon sec, en aiguilles et en marrons pour le blanchissage, exempts de droits. . . . . 31 janv. 1891.
Défense d'exporter riz et paddys par la frontière du Tonkin. . . . . 20 juin. 1891.
Suspension des droits de douane établis sur les blés et les farines par la loi du 29 mars 1887. . . . . 24 août 1891.
Surtaxe imposée aux riz et paddys exportés. . . . . 8 janv. 1892.
Abrogée le . . . . 1 avril. 1892.
(sans parler des arrêtés, concernant la

dynamite, les poivres, les noix d'arec, bois de construction et gommes laques, pris en 1893).

Raffineries de pétrole.

Règlement autorisant l'établissement de raffineries de pétrole et fixant leur régime. . . . . 19 mai 1891.

Le tarif de 1887 avait imposé le pétrole à 5 fr. par 100 kilos.

Réexpéditions, admissions temporaires.

Produits étrangers admis au bénéfice de l'entrepôt fictif à Saïgon, Tourane, Haïphong (Art. 9) . . . . 8 sept. 1887.

Refus d'assimiler aux produits du cru de l'Indo-Chine les produits étrangers importés là puis réimportés en France. . . 5 fév. 1889.

Les autres grands arrêtés sont cités *in extenso* dans le corps de l'étude.

Sel.

Impôt sur le sel exporté de l'Annam et du Tonkin 1 fr. par picul s'il est destiné à l'extérieur de ces pays, 1 fr. 25 par picul s'il est destiné à l'étranger. . . . . 16 oct. 1886.

Réduction de ces droits à 0, 60 par picul uniformément. . . . . 2 mars 1887.

Droit de 0, 60 par picul sur le sel envoyé par terre, des salines de la côte vers l'intérieur. . . . . 29 mars 1887.

Droit d'exportation fixé à 0, 50 par 100 kilos pour l'étranger, à 0, 25 pour l'intérieur du Protectorat. . . . . 29 août 1887.

Droit reporté à 0, 80 par 100 kilos pour les produits des salines du Tonkin exportés à l'étranger ou à l'intérieur de ce pays et à 0, 25 pour ces mêmes produits envoyés en Annam. . . . . 27 déc. 1887.

A 0, 35 par 100 kilos pour les sels de l'Annam introduits au Tonkin. . . . . . 27 déc. 1887.

Droit uniforme de 0, 05 par 100 kilos pour les produits de salines de l'Annam et du Tonkin, exportés à l'étranger, de 0, 30 par 100 kilos quand ils seront exportés dans l'intérieur de ces pays; de 0, 20 par 100 kilos, comme surtaxe, en cas de réexportation . . . . 22 fév. 1888.
Dispositions contraires abrogées.

Droit de consommation de 0,05 par picul de 60 kilos sur le sel fabriqué au Tonkin.

Droit perçu par la douane suivant régie à dater du 1er juillet 1892.

Patente obligatoire pour tout fabricant, à raison de 0,50. . . . . 28 mai 1892.

Sucre.

Importation autorisée des déchets de sucre dits galette chinoise, contre 10 0/0, *ad valorem* . . . . 27 déc. 1887.
Rapporté le 27 juillet 1888.

Prohibition de la galette chinoise. . . . . . 27 juil. 1888.

Circulaire relative aux bonbons, chocolat, etc. . . . . 25 mai 1891.

Taxes sur les Asiatiques non indigènes.

Arrêté modifiant et réglementant l'impôt de capitation à payer par les Asiatiques

étrangers. 27 déc. 1886.
(Visant la décision du 12 décembre 1885 qui avait créé cet impôt.)

Modification de la taxe des Asiatiques non indigènes. . . . . 19 fév. 1889.

Exemption de la moitié des droits de passeport accordée à des Chinois venus à Hanoï pour y installer un théâtre . . . . 13 mars 1889.

Capitation asiatique non indigène exigible à Tourane. . . . . 20 avril 1889.

Adoucissement de la taxe pour femmes, vieillards, enfants. . . . . 11 mai 1889.

Remaniement de la taxe pour les Chinois de l'Annam. . . . . 24 juin 1889.

Minh-huong exemptés de la taxe comme sujets annamites. . . . . 3 sept. 1889.

Exemption de taxe accordée aux Chinois venant en Annam ou au Tonkin, pour un délai de deux mois seulement. . . . . 15 mai 1890.

Passeport imposé aux Chinois pour entrer dans le Protectorat et législation commerciale applicable aux négociants asiatiques étrangers dans l'Annam et le Tonkin. . . 5 déc. 1892.

Taxes douanières. — Droits de tonnage, etc.

(VOIR ADMINISTRATION DOUANIÈRE)

Paiement des taxes douanières en barres d'argent à Sontay, valeur de la barre fixée. . . . . 6 sept. 1883.

Passavants exigés des marchandises françaises importées au Tonkin. . . . . 23 fév. 1886.

Exonération des droits d'importation aux outillages à vapeur. . . . . 1er oct. 1885.

Restriction de ce privilège aux provenances de France et des colonies françaises. . . 23 fév. 1886.

Prescriptions relatives aux envois faits de France aux soldats et fonctionnaires français de l'Annam et du Tonkin. . . .	22 juil. 1886.
Droits sur les monnaies de cuivre ou de zinc importées.	6 sept. 1886.
Droits de tonnage pour les navires.	6 sept. 1886.
Ibid.	17 oct. 1886.
Droits d'exportation sur les produits indigènes cabotés sur les côtes d'Annam et du Tonkin. . . . . (Arrêté abrogé le 26 février 1888.)	13 déc. 1886.
Droits de tonnage étendus aux jonques indigènes.	1er mars 1887.
Taxes pour exhumer et transporter les Chinois enterrés au Tonkin.	11 mars 1887.
Taxes d'armement pour les bateaux de commerce.	28 mars 1887.
Droits de douane sur les marchandises importées et exportées.	27 mai 1887.
Poids de bagage alloué aux fonctionnaires et agents de l'État à bord des bâtiments affrétés par l'État.	7 avril 1887.
Droits pour l'exploitation des carrières à chaux	28 juin 1887.
Droits d'importation sur le thé du Yunnan.	18 août 1887.
Taxes sur les navires et bateaux de transport ou de pêche au Tonkin et en Annam.	7 janv. 1888.
Abrogation de l'arrêté du 13 décembre 1886. taxant les produits indigènes cabotés sur les côtes du Protectorat.	26 fév. 1888.
Suppression des droits mis le 26 février 1888 sur le flottage des bois.	25 mars 1888.
Dispense exceptionnelle du droit sur les farines	30 mai 1888.
Chaux, plâtre, ciment, etc., du Tonkin et	

de l'Annam, exemptés des droits d'exportation. . . . . 8 sept. 1888.

Dispense exceptionnelle du droit de Statistique pour du riz acheté par le gouvernement annamite . . . . 11 sept. 1888.

Objets du culte ou d'usage particulier pour les missionnaires dispensés des droits de Douane. . . . . 16 sept. 1888.

Exemption des droits de Douane pour les matières premières françaises indigènes destinées à la savonnerie d'Haïphong. . 30 janv. 1889.

Instruction pour les bagages sur les transports de l'Etat. . . . . 11 janv. 1889.

Droit d'exportation sur les riz et paddys. . 18 nov. 1889.

Exemption des droits d'exportation pour les produits agricoles de l'Annam et du Tonkin expédiés en France, sauf le riz. . 21 nov. 1889.

Droits sur les maïs et les riz, daris et millets . . . . 31 janv. 1891.

Surtaxe sur les riz et paddys exportés. . . 5 janv. 1892.

Produit des passe-ports, laissez-passer, licences pour vente d'armes à feu, poudres et munitions, abandonné au conseil municipal d'Hanoï. . . . . 15 mars 1892.

Taxe de ces divers articles.

Droits de statistique sur les bambous, rotins, bois, et autres produits forestiers flottés dans l'intérieur du Tonkin . . . . 1er mai 1892.

Droits d'accise (consommation) sur tabac, cigares, cigarettes, de toutes provenances, sur les pétroles, shistes, huiles minérales d'éclairage . . . . 1er mai 1892.

Droits d'exportation sur les produits forestiers, suivant le Song-ki-Kong et le Song Bang Giang, perçus par l'autorité militaire . . . . 1er mai 1892.

Droits d'accise sur le sel, exercé au Tonkin. 28 mai 1892.

Tableau des droits de sortie de l'Annam et du Tonkin . . . . 28 mai 1892.

Droit de consommation (accise) sur les allumettes chimiques de toute provenance, même indigène. . . . . 5 déc. 1892.

TRANSBORDEMENTS

Réglés en 1893 le 8 mai.

TRANSIT

Décrets du 8 septembre 1887 et du 3 mars 1889.

Variations du taux de la piastre.

La piastre vaudra huit ligatures ;

La barre d'argent 14 piastres 20 cents . . . 6 sept. 1883.

La piastre vaut : 4 fr. 10. . . . . 31 mai 1886.

4 fr. . . . . 18 juill. 1886.

3 fr. 95. . . . . 24 sept. 1886.

4 fr. . . . . 30 oct. 1886.

Ordre aux Résidents d'arrêter tous les 15 jours le taux du change de la piastre en ligatures, dans chaque province, d'après le taux moyen du marché. . . . 25 fév. 1887.

La piastre vaut : 4 fr. . . . . 27 avril 1887.

3 fr. 90. . . . . 25 juin 1887.

3 fr. 95. . . . . 25 août 1887.

3 fr. 85. . . . . 28 mars 1888.

Dépêche ministérielle fixant à 4 francs le taux de la piastre pour le calcul du budget . . . . 20 juill. 1888.

La piastre vaut 3 fr. 85. . . . . 29 sept. 1888.

Crédit supplémentaire nécessité par le déficit causé dans le budget des dépenses par le taux de 4 francs fixé à la piastre. .	10 janv. 1889.
La piastre vaut 3 fr. 80	8 fév. 1889
Le budget de l'exercice 1891 pour toute l'Indo-Chine française sera établi en calculant la piastre au taux fixe de 5 francs pour solde et accessoires de solde. Le budget des recettes sera établi en la calculant au taux de 4 francs	22 juin 1890.
La piastre vaut: 4 fr. 20	20 juill. 1890.
— 4 fr. 30	25 juill. 1890.
pour percevoir les droits de douane.	
La solde d'Europe sera comptée au taux officiel de la piastre; les suppléments coloniaux et les accessoires de solde seront comptés au taux conventionnel du budget de 1890	9 août 1890.
La piastre vaut: 4 fr. 70	29 août 1890.
— 4 fr.	26 sept. 1890.
pour les dépenses de la mission Pavie au	1er sep. 1890.
— et 4 fr. 50 pour les dépenses postérieures.	
La piastre vaut: 4 fr. 45	30 sept. 1890.
— 4 fr. 25	29 oct. 1890.
— 4 fr. 25	29 nov. 1890.
— 4 fr. 25	31 déc. 1890.
— 4 fr.	20 fév. 1891.
— 4 fr. . . d'une manière définitive et invariable pour le calcul de compétence des tribunaux de l'Indo-Chine en matière civile et commerciale.	3 mars 1891.
La piastre vaut: 4 fr.	27 mars 1891.
— 4 »	5 mai 1891.
— 4 »	28 mai 1891.
— 4 »	30 juin 1891.

La piastre vaut :	4 fr.	30 juin 1891.
—	4 fr.	30 août 1891.
—	3 fr. 60	30 avril 1892.
—	4 fr.	29 juin 1892.
—	3 fr. 60	28 juill. 1892.
—	3 fr. 55	28 oct. 1892.
—	3 fr. 50	28 nov. 1892.
—	3 fr. 45	26 déc. 1892.
—	3 fr. 45	25 janv. 1893.
—	3 fr. 40	28 avril 1893.
—	3 fr. 30	10 mai 1893.
—	3 fr. 30	29 juin 1893.
—	3 fr. 25	31 août 1893.
—	3 fr. 20	30 sept. 1893.
—	3 fr. 15	26 oct. 1893.
—	3 fr. 15	28 nov. 1893.

Décret du 8 février 1892 mettant, par son article 7, à la charge du Protectorat les pertes et à son bénéfice les profits résultant des variations du taux de la piastre. 8 févr. 1892.

TABLE DES MATIÈRES

CHAPITRE III

Troisième Période.

§ 1

Année 1887. — Établissement du régime douanier.

§ 2

Année 1888.

§ 3

Année 1889.

§ 4

Année 1890. 128-151

§ 5

Année 1891. 152-169

CHAPITRE IV

État actuel du régime douanier 169-228

§ 1

Année 1892. 169-214

§ 2

Année 1893. 215

IMP. NOIZETTE, 8, RUE CAMPAGNE-PREMIÈRE, PARIS.

UNION COLONIALE FRANÇAISE

Comité de direction :

Le Comité Directeur de l'Union est composé de l'ensemble des membres sociétaires.

Bureau du Comité :

Président : M. E. Mercet, Administrateur du Comptoir national d'Escompte de Paris et de la Banque de l'Indo-Chine ;

Vice-Présidents : M. Ulysse Pila, de la maison Ulysse Pila et Cie, Lyon ;

M. Théodore Mante, de la maison Mante frères et Borelli, de Régis aîné, Marseille ;

Trésorier : M. S. Simon, Directeur de la Banque de l'Indo-Chine, Paris ;

Secrétaire : M. J. Le Cesne, administrateur-délégué de la Compagnie française de l'Afrique Occidentale, Marseille-Paris.

Membres : MM. Albert Cornu, directeur de la Rizerie de Cholon ;
Albert Cousin, directeur de la Cie de la Casamance.

Secrétaire général : M. Joseph Chailley-Bert.

Adresser toutes les communications

A M. J. CHAILLEY-BERT,

9, rue Mogador.

PUBLICATIONS

DE

L'UNION COLONIALE FRANÇAISE

I. — DÉJA PARUES :

— *Conseils à ceux qui veulent s'établir aux Colonies.*

— *L'Enregistrement et les Colonies : les pourvois en Cassation et les décisions de la Magistrature coloniale.*

— *Guide de l'Émigrant en Tunisie.*

— *Le Régime commercial des Colonies.*

— *Manuel d'hygiène coloniale.*

— *Le Soudan français (organisation et pénétration).*

II. — EN PRÉPARATION :

— *Le Port d'Haïphong.*

— *Guide de l'Émigrant en Nouvelle-Calédonie.*

— *Guide de l'Émigrant à la Guyane.*

— *Guide de l'Émigrant à la Côte Occidentale d'Afrique.*

IMP. NOIZETTE, 8, RUE CAMPAGNE-PREMIÈRE, PARIS

www.ingramcontent.com/pod-product-compliance
Ingram Content Group UK Ltd.
Pitfield, Milton Keynes, MK11 3LW, UK
UKHW012202240726
13966UKWH00002B/530